BOCUSE
à la carte

FALKEN VERLAG

BOCUSE
à la carte
Französisch kochen
mit dem Meister

FALKEN
VERLAG

Vorwort

Wer in diesem Buch ausgefallene, kostspielige oder exotische Rezepte erwartet, der wird enttäuscht werden, es sei denn, er kennt meine Küche bereits. Sie besteht aus einfachen und unverfälschten Gerichten, die jeder ohne viel Aufwand nachkochen kann. Dabei habe ich bei den dreizehn Menüs besonders darauf geachtet, Obst und Gemüse der jeweiligen Saison zu verwenden.

Ich hoffe, meine Vorliebe für natürliche Gerichte ist aus diesem Buch zu spüren. Die Küche kehrt gegenwärtig vom Klischee des „kunstvollen und beeindruckenden Durcheinanders" wieder zur Bewahrung des Eigengeschmacks der Lebens-

mittel zurück. Diese Trendwende brauche ich nicht mitzumachen, denn seit eh und je bin ich ein Verfechter der wirklich „guten Küche", und das heißt, wenigstens für mich, der schlichten Küche.

Denn vergessen wir nicht, daß sie einfach sein soll und sein muß, will sie den Geschmack der einzelnen Zutaten bewahren und nicht überdecken.

Garant für den Wohlgeschmack der hier gesammelten Gerichte, die keineswegs nur Höhepunkte von Festtagen zu sein brauchen, ist die Frische der Zutaten, deren Auswahl sich immer am Angebot des Marktes orientiert. Und da ist es nicht nationalistisch gedacht, wenn ich meine, jeder Koch solle einheimische Produkte bevorzugen, denn sie haben natürlich den kürzesten Weg zum Käufer hinter sich. Ich wünsche Ihnen viel Spaß bei der Zubereitung und „bon appetit"!

Ihr

Paul Bocuse

Paul Bocuse, der bekannte Meisterkoch aus Frankreich, zeigt auf dieser Videokassette, daß nach seiner Methode jeder zu Hause französisch kochen kann. Der Meister lüftet viele seiner Küchengeheimnisse, läßt sich über die Schulter sehen bei der Vor- und Zubereitung der Speisen, zeigt, auf was man beim Einkauf von Zutaten zu achten hat, um wirklich fri-

sches Gemüse, frischen Fisch, das richtige Stück Fleisch zu bekommen. Man muß es einfach sehen, wie Paul Bocuse mit einem Kalbsrollbraten, einem Fisch oder mit Gemüse umgeht, um zu verstehen, daß das Geniale im Einfachen liegt und es gar nicht schwer ist, selbst und gerade auch zu Hause Gerichte von hoher Qualität zu kochen.

Inhalt

Tip à la Bocuse

Die Küche Frankreichs

Auf einen Nenner gebracht ist diese Küche eigentlich nur mit den frischesten und besten Produkten nachvollziehbar. Dies erfordert natürlich ein genaues Wissen um die Erntezeiten der Gemüse, die Qualität von Fleisch, Fisch und Geflügel und die Beschaffenheit der einzelnen Lebensmittel, die für diese Küche notwendig sind. „La Cuisine du Marche", die Küche des Marktes, wie Bocuse sie bezeichnet, ist die Grundlage seines Kochens. Alle Produkte werden frisch auf dem Markt ausgewählt, verkostet, geprüft, und erst dann kommen sie in die Küche. Aus ihnen entsteht das Menü; wer zweifelt da am Ergebnis, wenn die wissenden Hände des Koches die Delikatessen für ein Festmenü zaubern. Doch es ist gar nicht so schwer, wie es klingt, lassen Sie sich doch ganz einfach vom Angebot des Marktes und der Jahreszeit lenken, Sie werden überrascht sein, welch großen Schritt in puncto Qualität Ihre Küche macht.

Das alles erfordert natürlich Zeit, die für solche Einkäufe meist fehlt. Doch gerade wenn Sie zu Hause Ihre Familie oder Gäste verwöhnen wollen, sollten Sie sich diese Zeit nehmen, es lohnt sich bestimmt.

Kochen à la Bocuse

Wir wollen Ihnen nun die wichtigsten Produkte und einige Grundregeln vorstellen, die für die Küche à la Bocuse notwendig sind:

Fleisch

Das Gelingen eines jeden Fleischgerichtes ist von der richtigen Fleischwahl abhängig. Die Qualität muß natürlich stimmen, und es muß für die vorgesehene Garmethode passen. Kochfleisch kann also nicht zum Kurzbraten verwendet werden.

Innereien

In der französischen Küche spielen Innereien eine sehr große Rolle. Ob vom Schwein, Rind, Kalb, Lamm oder Hammel, sie werden alle geschätzt und geliebt. Achten Sie darauf, daß die Innereien möglichst frisch sind und schnell verarbeitet werden, da sie leicht verderblich sind.

Geflügel

Zu dieser Gruppe gehören das Haus- und das Wildgeflügel. Doch für beide gilt, daß sie auf eine Feinschmeckertafel nur in bester Qualität kommen dürfen.

Zum Hausgeflügel zählt man neben den Hühnern Enten, Gänse, Truthühner, Tauben und Perlhühner, also all die Arten, die vom Menschen gefüttert werden. Alle anderen, die in freier Wildbahn leben, zählt man zum Wildgeflügel. Unterteilt werden die einzelnen Geflügelarten für die Küche nach dem Alter und dem Gewicht. Beim Einkauf von Hausgeflügel sollte man beachten: Die „glücklichen Hühner", wie es so schön heißt, schmecken einfach besser als die, die aus Zuchtanstalten kommen.

Wild

Wer frisches Wild in seiner Küche verarbeitet, der sollte immer den Händler oder den Jäger kennen und sich auf die Qualität der Stücke verlassen können.

Versuchen Sie immer, junge Stücke zu bekommen, denn die sind zarter im Fleisch und feiner im Aroma. Verarbeitet werden kann in der Küche das frisch geschossene Wild, das sozusagen noch warm aus dem Revier kommt.

Wenn dies nicht möglich ist, sollte man das Wildfleisch abgehangen in die Küche bekommen.

Gemüse und Kräuter

Das Gemüse soll frisch verarbeitet werden, das heißt: vom Acker auf den Küchentisch. Es sollte noch Biß haben und nicht verkocht sein. Die frischen Kräuter in der Küche sind das Einmaleins für den feinen Geschmack. Frischkräuter kann man mittlerweile im Bund oder in kleinen Töpfchen auch in kleinen Mengen für den täglichen Gebrauch kaufen.

Fisch

Grundsätzlich unterscheiden wir zwischen Süßwasser- und Seefischen. Die Hauptvertreter der Süßwasserfische sind Forelle, Karpfen, Hecht, Schleie, Aal, Lachs, Huchen und Zander. Die wichtigsten Arten aus dem Meer sind Kabeljau, Dorsch, Schellfisch, Seelachs, Rotbarsch und seine Verwandten, die Makrele und der Hering, der Merlan oder Wittling, der Seehecht, der Leng und der Katfisch. Nicht zu vergessen den Thunfisch, Stöcker, Pilchard und Grenadierfisch. Ebenso wird aus dem Meer eine große Zahl an Plattfischen angeboten; zu nennen wären die Seezunge, die Flunder und die Rotzunge. Bei allen Fischen aber gilt das Gesetz: möglichst frisch.

Ich bin ein Koch der alten Schule und schneide das Gemüse grundsätzlich mit dem Messer. Moderne Köche ersetzen Messer durch Mixer oder ähnliche elektrische Geräte..., aber vielleicht sind sie ein bißchen fauler als ich, und ob Sie mir's glauben oder nicht: ich finde, Gemüse, das mit dem Messer geschnitten wird, schmeckt einfach besser.

Lauch-Kartoffel-Suppe

Sozusagen zum Aufwärmen gibt es zuerst eine köstliche Lauch-Kartoffelsuppe – eine meiner Lieblingssuppen. Nach dem großen Boom der „Haute Cuisine" zieht man heute immer mehr die einfachere und deftigere Küche vor. Es ist eine ehrliche Küche, der Geschmack der frischen Zutaten soll dominieren.

Ein Beispiel dieser Küche ist unsere Lauch-Kartoffel-Suppe, die bestimmt jeden Gaumen erfreuen wird. Der Lauch als Hauptbestandteil unserer Suppe gehört zu den preiswerten Gemüsesorten, die Sie das ganze Jahr über bekommen. Ob Winter- oder Sommerlauch, er ist in jeder Jahreszeit gesund. Dieses Gemüse enthält neben Kalzium, Phosphor, Eisen, Natrium die Vitamine B und C. Wie fast alle Gemüsearten ist auch der Lauch sehr kalorienarm; 100 g enthalten 22 Kalorien.

Wolfsbarsch in Blätterteig

Dieser Fisch, wie wir ihn jetzt zubereiten, ist einer der größten Erfolge in unserem Restaurant. Seit mehr als 35 Jahren wird er so serviert. Der Seewolf mit Hummerschaumfüllung ist etwas teurer, doch für ein Festmahl sollen die Gäste ja auch verwöhnt werden. Wenn Sie nicht unbedingt so tief in Ihr Portemonnaie greifen wollen, eignen sich für die Füllung genausogut frische Kräuter. Estragon, Dill, Petersilie oder Kerbel, um nur einige zu nennen, geben diesem Fisch ein exquisites Aroma. Der Wolfsbarsch wird fälschlicherweise öfter mit dem Seewolf oder Steinbeißer, Kat- oder Klippfisch verwechselt, kann aber ebenso für dieses Gericht verwendet werden. Er ist nicht so teuer und wird auch öfter im Handel angeboten.

Oranges à l'Orange

Ein ganz wunderbares Dessert, das wir Ihnen hier vorstellen und das sehr leicht zu machen ist. Den besonderen Geschmack bekommt unsere Nachspeise nicht nur von den Orangen sondern auch vom Grenadinesirup. Grenadine ist der tiefrote Saft vom Granatapfel. Dieser süß-säuerliche Saft wird dann zu Sirup verkocht. Namentlich für Mixgetränke wird er geschätzt, er darf in keiner Bar fehlen. Für unser Rezept ist er nicht nur ein Geschmacksträger, er verleiht auch den Orangen eine schöne, rote Farbe. Apropos Orangen: Verwenden Sie dafür die Sorte, die Ihnen am besten schmeckt, dann kann's schon losgehen.

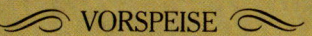

Lauch-Kartoffel-Suppe

Sie benötigen für 4 Personen:

3 – 4 mittelgroße Lauchstangen
2 El Butter
1½ Tl Meersalz
500 g Kartoffeln
1½ l Wasser
6 El Crème fraîche
3 EL Butter
1 Bund Kerbel
Pfeffer aus der Mühle

So wird's gemacht:

1. Den Lauch putzen, waschen und in feine Ringe schneiden.
2. Die Butter in einem Topf erhitzen, den Lauch dazugeben, salzen und glasig dünsten.
3. Die Kartoffeln schälen, in Scheiben schneiden und zum Lauch geben.

4. Mit dem Wasser auffüllen und bei hoher Temperatur 15 Minuten kochen lassen.
5. Die Crème fraîche und die Butter unterziehen, mit den Kerbelblättchen verfeinern und mit Pfeffer würzen.
6. Nochmals abschmecken und sofort servieren.

Wolfsbarsch in Blätterteig

Sie benötigen für 4 Personen:

1 Seewolf etwa 1½ kg
Salz
Pfeffer aus der Mühle
1 El Olivenöl
Für die Füllung:
200 g rohes Hummerfleisch
1½ Tl Salz
Pfeffer aus der Mühle
1 Prise Muskat
200 g saure Sahne
½ Tasse gehackte Pistazien
1 kleine Dose Trüffel
Außerdem:
500 g Blätterteig (TK-Produkt)
1 – 2 Eigelb

So wird's gemacht:

1. Den küchenfertigen Fisch mit einem Messer enthäuten, salzen, pfeffern und mit dem Olivenöl beträufeln.

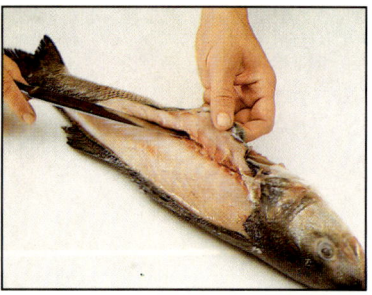

2. Das Hummerfleisch sehr fein hacken, mit dem Salz, dem Pfeffer und dem Muskat würzen und in eine vorgekühlte Schüssel passieren.
3. Mit der sauren Sahne, den Pistazien und den kleingeschnittenen Trüffeln vermischen.

4. Die Hummercreme in den Seewolf füllen.

5. Den Blätterteig halbieren und dünn ausrollen, den Seewolf auf eine Hälfte des Teiges legen, mit der anderen bedecken und die Ränder gut festdrücken.
6. Mit einem Messer die Form des Fisches ausschneiden, mit einer Spritztülle die Schuppen formen und mit dem restlichen Teig verzieren.

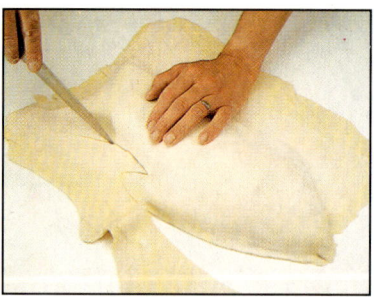

7. Auf ein Backblech legen und mit dem Eigelb bestreichen.
8. In den auf 220 Grad vorgeheizten Ofen schieben und 10 Minuten backen, anschließend auf 180 Grad zurückschalten und weitere 25 bis 30 Minuten backen, herausnehmen und sofort servieren.

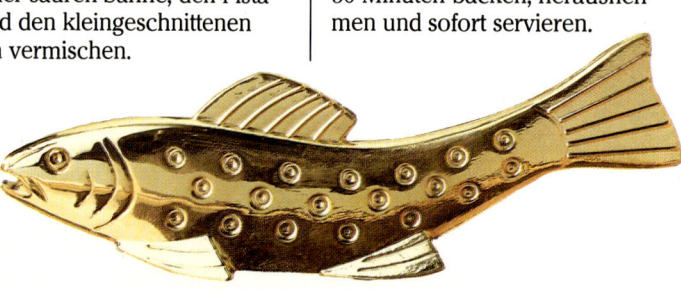

Oranges à l'Orange

Sie benötigen für 4 Personen:

4 große, unbehandelte Orangen
etwa 1 Tasse Grenadinesirup
2 El braunen Zucker
einige frische Pistazien

So wird's gemacht:

1. Die Orangen waschen, hauch-dünn schälen. Die schönsten Schalen in dünne Streifen schneiden.

2. Die Streifen in einen Topf geben, den Sirup angießen und den Zucker darüberstreuen.

3. Bei mittlerer Hitze die Schalen einkochen.
4. In der Zwischenzeit die Orangen von den restlichen Schalen und der Haut befreien, die Filets her-ausschneiden und den Saft dazu-pressen.

5. Die Orangenfilets anrichten, mit den eingekochten Orangenstreifen überziehen und mit den frisch geschnittenen Pistazien bestreut servieren.

Tip à la Bocuse

Wer die Möglichkeit hat, auf einem Fischmarkt oder bei einem Händler, der frischen Fisch anbietet, einzukaufen, der sollte einige Regeln beachten.

Frischer Fisch sollte klare Augen, rote Kiemen und festes Fleisch haben, der Geruch soll frisch und die Flossen naß und nicht trocken sein.

Bestimmt wissen Sie alle, wie man Lauchstangen säubert, aber vielleicht bietet Ihnen die Methode „Maison Bocuse" doch ein wenig Erleichterung.

Zuerst schneidet man das dicke Ende, den Wurzelansatz, weg. Danach wird mit einem Gemüsemesser ein wenig von den grünen Blättern entfernt. Nicht zuviel, denn diese Blätter verleihen der Suppe eine schöne, grüne Farbe. Die Stangen werden nun in der Längsrichtung über Kreuz von unten nach oben durchgeschnitten.

Das Gemüse wird grundsätzlich in heißem Wasser gesäubert. So wird der ganze Schmutz entfernt, und der Lauch kann geschnitten werden. Beim Andünsten wird er gesalzen, damit der Saft entzogen und der Geschmack der Suppe verstärkt wird.

Wenn Sie nicht ganz von der Qualität des Wassers überzeugt sind, sollten Sie Mineralwasser ohne Kohlensäure nehmen.

Für dieses Rezept wird der Fisch enthäutet, was nicht ganz leicht, aber doch auch für den Ungeübten nachvollziehbar ist. Sie müssen zuerst einen Längsschnitt entlang des Rückgrats machen. Nun wird die Haut vorsichtig am Rand der Kiemendeckel entlang losgeschnitten. Mit dem Messer zwischen Haut und Fischfleisch stechen und so die Haut abschneiden. Wenn die Hälfte der Haut losgeschnitten ist, können Sie den Rest mit einem kräftigen Ruck herunterziehen. Das Rückgrat herauslösen und die andere Seite des Fisches ebenfalls von der Haut befreien. Wenn Ihnen diese Arbeit dennoch zu schwer erscheint, sollten Sie Ihren Fischhändler bitten, dies für Sie zu erledigen; ein nettes Wort kann ihn sicher überreden.

Wer unser feines Dessert einmal versucht hat, der wird es sicher öfter in seinen Menüplan einbauen. Gerade das Zusammenspiel zwischen dem süß-säuerlichen und dem, durch die Orangenschalen, feinwürzig-bitteren Geschmack ist allemal eine Versuchung wert. Achten Sie beim Schälen der Orangenschale darauf, daß Sie die weiße Innenhaut nicht mitschälen, sonst wird das Ganze zu bitter.

Noch etwas: Wenn Sie die Orangenfilets herausschneiden wollen, müssen die Schale und die weiße Haut vollständig entfernt sein. Dafür schneidet man zuerst zwei Deckel ab. Anschließend wird die Orange senkrecht gestellt und mit einem Messer, von oben nach unten, einfach die weiße Innenhaut abgeschnitten. So bleibt das pure Fruchtfleisch übrig und die Filets können entlang der Trennwände herausgeschnitten werden.

Vergessen Sie nicht, das restliche Fruchtfleisch gut auszudrücken, es ist noch eine Menge Saft in der Frucht.

Beim Kochen muß man kreativ sein, man muß improvisieren können. Wenn Sie die eine oder andere Zutat für ein Rezept nicht haben, so lassen Sie sie weg oder ersetzen sie ganz einfach durch eine andere. Mit dem Kochen ist es wie mit der Musik: Man kann hervorragende, große Orchestermusik machen, aber auch auf einem Klavier allein lassen sich die schönsten Melodien spielen.

Griechische Champignons

Dieses Rezept läßt sich schnell und einfach zubereiten. Die Vorbereitungszeit ist kurz, aber der Geschmack um so besser.
Die Champignons sollten frisch sein, ein festes, weißes Fleisch haben und die Köpfe sollten noch geschlossen sein.
Nach dem Putzen werden die Pilze mariniert, was ihnen den richtigen Geschmack verleiht. Durch die kurze Garzeit behalten die Champignons ihr Aroma, das jeden von diesem Gericht überzeugen wird. Die Griechischen Champignons können Sie kalt oder auch warm servieren. Ein Tip noch für diejenigen, die wenig Zeit für die Küche haben: dieses Gericht läßt sich auch am Tag zuvor zubereiten.

Lammragout

Unser Lammragout wird bestimmt auch die größten Gegner von Lammfleisch überzeugen. Sie müssen beim Einkauf nur darauf achten, daß Sie wirklich Lammfleisch bekommen. Sie erkennen es an der blaßroten Farbe, das Fett ist sehr weiß. Das Lamm ist ein junger, noch nicht geschlechtsreifer Hammel. Das Hammelfleisch ist von Fett durchzogen, hat eine kräftige, rote Farbe und jenen unverwechselbaren Geschmack, den die einen mögen und die anderen nicht.
Die besten Lämmer werden wohl die sein, die auf den salzigen Wiesen am Ärmelkanal gegrast haben und die Bezeichnung „Pré-Salé" tragen. Doch nur wer sich hundertprozentig auf seinen Händler verlassen kann, sollte sich auf ein solches Markenzeichen einlassen.

Crème Caramel

Dieses Dessert benötigt eine längere Zubereitungszeit. Sie werden aber diese Arbeit nicht scheuen, wenn Sie einmal von dieser Köstlichkeit getestet haben. Bereiten Sie die Crème Caramel schon am Vortag zu, denn erst wenn der Zucker auf der Crème sich aufgelöst hat, kann das Dessert gestürzt werden.
Unser Geschmacksträger ist die Vanille, doch auch mit Rum-, Bittermandel- oder einem anderen Aroma kann man schöne und erstklassige Variationen herstellen. Lassen Sie Ihrer Phantasie vollen Lauf und versuchen Sie es doch ganz einfach. Noch ein Tip; gerade weil für diese Nachspeise viele Eier verwendet werden, sollten Sie ihn kennen: Die Eier werden grundsätzlich erst auf dem Tisch oder am Rand einer Schüssel aufgeschlagen; man sollte daran riechen und sie erst dann mit den übrigen Eiern in eine Schüssel geben. So verhindern Sie, daß Schalen zu den anderen Eiern fallen.

Griechische Champignons

Sie benötigen für 4 Personen:

600 g Champignons
Meersalz
Pfeffer aus der Mühle
Saft von 1 Zitrone
¼ l Weißwein
etwas Thymian
1 kleines Lorbeerblatt
10 Korianderkörner
1 große Tomate
1 Tasse gehackte Petersilie
1 Tasse Olivenöl
1 große Zwiebel

So wird's gemacht:

1. Die geputzten Champignons in eine Schüssel geben, mit Meersalz, Pfeffer und Zitronensaft würzen.

2. Den Weißwein angießen, den Thymian, das Lorbeerblatt, die Korianderkörner, die enthäutete, entkernte und in kleine Würfel geschnittene Tomate und die Petersilie dazugeben, vermischen und einige Zeit ziehen lassen.

3. Das Öl in einem Topf sehr heiß werden lassen und die in kleine Würfel geschnittene Zwiebel darin dünsten.

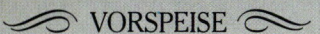

4. Die übrigen Zutaten dazugeben, den Topf verschließen und bei mittlerer Hitze 5 Minuten köcheln lassen.

Lammragout

Sie benötigen für 4 Personen:

250 g Lammhals
ohne Knochen
800 g Lammschulter
ohne Knochen
Meersalz
Pfeffer aus der Mühle
500 g Kartoffeln
1 Bund Frühlingszwiebeln
200 g kleine Zwiebeln
200 g kleine Karotten
3 weiße Rüben
einige Stangen Staudensellerie
4 Tomaten
Olivenöl
4 cl Weinbrand
$\frac{1}{2}$ l Weißwein
$\frac{1}{2}$ l Wasser
1 kleine Knoblauchzwiebel
1 Lorbeerblatt
einige Zweige Thymian
100 g ausgelöste Erbsen
100 g grüne Bohnen

So wird's gemacht:

1. Den Lammhals und die Lammschulter in große Stücke schneiden.
2. Das Fleisch salzen und pfeffern, gut einreiben und einwirken lassen.
3. In der Zwischenzeit die Kartoffeln schälen, die Frühlingszwiebeln putzen und in grobe Stücke schneiden.
4. Die Zwiebeln, die Karotten und die Rüben schälen und den Staudensellerie, sowie die Tomaten waschen.
5. Olivenöl erhitzen und das Fleisch gut anbraten. Das Gemüse dazugeben.

6. Mit dem Weinbrand ablöschen, dem Weißwein und Wasser füllen.
7. Die Knoblauchzwiebel, das Lorbeerblatt und den Thymian dazugeben, den Topf verschließen und bei mittlerer Hitze 60–70 Minuten kochen.
8. Die Erbsen und die geputzten Bohnen dazugeben und weitere 15–20 Minuten kochen.
9. Das Lammragout anrichten, nochmals pfeffern und servieren.

Crème Caramel

Sie benötigen für 4 Personen:

8 Eigelb
4 ganze Eier
200 g Zucker
2 Vanilleschoten
1 l Milch
10 Stück Würfelzucker
2 – 3 El Wasser

So wird's gemacht:

1. Das Eigelb und die Eier mit dem Zucker schaumig schlagen.
2. Die Vanilleschoten ausschaben, das Vanillemark unter die Milch rühren und zu der Eimasse geben.

3. Den Würfelzucker mit dem Wasser in einen Topf geben und karamelisieren lassen.
4. Den Karamel auf den Boden einer feuerfesten Form verteilen und die Eimasse einfüllen.

5. Den Boden eines entsprechenden Topfes mit Pergamentpapier belegen und Wasser angießen.
6. Die Schüssel mit der Eimasse in das Wasserbad stellen und solange erhitzen, bis das Wasser heiß ist.

7. Anschließend das Wasserbad in den auf 150 Grad vorgeheizten Backofen schieben und 80 – 90 Minuten garen.
8. Die Crème herausnehmen, erkalten lassen und über Nacht in den Kühlschrank stellen.
9. Die Crème auf einen Teller stürzen und servieren.

Tip à la Bocuse

Für unser Lammragout verwende ich einen speziellen Topf. Der Deckel hat dabei eine Vertiefung, die wir mit kaltem Wasser oder Eiswürfeln füllen.

Wenn nun das Ragout kocht, steigt Dampf auf, der wiederum am kalten Deckel in Form von Tropfen auf das Fleisch zurückfällt. Wenn Sie keinen solchen Topf besitzen, verschließen Sie Ihren einfach mit einem feuerfesten Teller oder einer Schüssel. Nun können Sie Wasser oder Eis hineinfüllen. Sie werden sehen, es lohnt sich, denn gegart im eigenen Saft ist immer schon ein Garant für den Erfolg.

Rüben- oder Kohlrabiröschen

Für unsere Röschen verwenden wir kleine, runde, feste Gemüsesorten. Zuerst werden die Blätter entfernt, anschließend wird das Gemüse hauchdünn geschält. Mit einem kleinen Messer schneidet man nur am Rand die ersten Blütenblätter ein.

Als nächstes wird etwas Fruchtfleisch rundherum herausgeschnitten.

Erneut die Blütenblätter einschneiden bis zur Mitte des Gemüses.

Das Herzstück wird herausgeschnitten, und ..., voilà, Sie haben Ihre Rose. Eingefärbt wird sie mit roter Lebensmittelfarbe oder mit einem kräftigen Rotwein.

Wasserbad für Crème und Soufflé

Sie haben sich bestimmt auch schon geärgert, wenn Sie eine schöne Crème im Wasserbad haben und plötzlich ist Wasser dazugespritzt. Wir wollen Ihnen nun einen Tip verraten, mit dem dies mit Sicherheit nicht mehr passiert: Ein Pergamentpapier so zusammenfalten, daß ein Kreis entsteht.

Mit einer Schere oder einem Messer zurechtschneiden und in die Pfanne oder den Behälter, der für ein Wasserbad bestimmt ist, legen.

Den Crèmetopf hineinstellen und das Wasser angießen. Auf dem Ofen erhitzen und erst jetzt in dem vorgeheizten Backofen ganz langsam garen.

Es ist nicht nur das Geld, das im Leben eines Menschen eine wichtige Rolle spielt, sondern auch, und das ist meine ganz persönliche Ansicht, daß man mit Erfolg anderen Menschen Erfahrung und Wissen vermittelt. Wenn nur eines meiner Rezepte weiterlebt, weil ich es einem anderen Menschen nähergebracht habe, dann bin ich sehr glücklich.

Französische Zwiebelsuppe

Diese Suppe darf bei uns nicht fehlen. In Lyon wird vor allem die gratinierte Zwiebelsuppe serviert. Die Garnitur, die aus gerösteten Weißbrotcroûtons und geriebenem Käse besteht, verleiht dieser Suppe erst die Vollkommenheit, die der Feinschmecker so schätzt.
Für unser Rezept benötigen Sie einfache Speisezwiebeln, die nicht zu groß und nicht zu klein sein sollten. Ihre Schwestern haben in unserer Französischen Zwiebelsuppe eigentlich nichts zu suchen, da sie alle ein anderes Aroma haben. Die Schalotte schmeckt etwas würziger, ihr Geruch erinnert an Schnittlauch. Eine andere Art ist die Lauch- oder Grünzwiebel, die im Juni/Juli auf den Markt kommt, und natürlich die große Gemüsezwiebel, die hauptsächlich für Gemüse und Salate verwendet wird und auch roh schmeckt, da sie nicht so scharf ist.

Kalbsnierenbraten

Ein richtiger Sonntagsbraten, der mit der Familie oder Freunden die Krone eines guten Essens sein soll. Wichtig für das Gelingen ist natürlich die Qualität der Zutaten, und diesmal kommt es in erster Linie auf die Niere an. Verwenden Sie sie frisch und noch in ihrem Fettmantel. Frische Nieren erkennt man an ihrer hellen Farbe; wenn sie dunkelrot sind, dann lieber die Finger davon lassen.
Wenn Sie Kalbfleisch kaufen, achten Sie darauf, daß das Fleisch hell und nur leicht rosa ist. Ist Fett dabei, sollte es vollkommen weiß und wie das Fleisch sehr fest sein.

Mousse au Chocolat

Dieses Dessert, bekannt fast in der ganzen Welt, ist eines der ältesten Schokoladendesserts, die wir kennen. Mit Sicherheit gehört es auch zu den feinsten, die Ihre Gourmets zu Hause von Ihnen serviert bekommen.
Schon am Hofe der französischen Könige wurde diese Delikatesse serviert. Damals hat sich so mancher die Finger abgeschleckt, wen wundert es dann, daß sie heute zu den klassischen, französischen Nachspeisen zählt.
Dieser Schokoladenschaum ist einfacher herzustellen als Sie glauben. Sie müssen nur vorsichtig ans Werk gehen und die verschiedenen Massen richtig miteinander verarbeiten.
Serviert wird der Schokoladenschaum mit einem Klacks steifgeschlagener Sahne und anschließend mit geriebener Schokolade bestreut.

Französische Zwiebelsuppe

Sie benötigen für 4 Personen:

6 große Zwiebeln
100 g Butter
Salz
1 – 2 El Mehl
1 Schuß Cognac
$\frac{1}{2}$ l Weißwein
1 $\frac{1}{2}$ l Wasser oder Boullion
Pfeffer aus der Mühle
geröstete Weißbrotscheiben
100 g geriebenen Gruyere
oder Emmentaler

So wird's gemacht:

1. Die Zwiebeln schälen und in dünne Scheiben schneiden.
2. Die Butter in einen Topf geben und die Zwiebeln darin anschwitzen.
3. Salzen, mit dem Mehl bestäuben, mit dem Cognac und dem Weißwein ablöschen und mit dem Wasser auffüllen.

4. Zugedeckt bei mittlerer Hitze 20 Minuten kochen, in Teller füllen und leicht pfeffern.
5. Mit Weißbrotscheiben belegen und mit dem Käse bestreut servieren.

Kalbsnierenbraten

Sie benötigen für 4 Personen:

1 Bund Frühlingszwiebeln
4 Karotten
4 Tomaten
1 kleine Knoblauchzwiebel
1 Bouquet garni
2 kg Kalbskarree ohne Knochen
1 Kalbsniere mit Fett
Meersalz
Pfeffer aus der Mühle
½ Flasche trockenen Weißwein
20 g Butter

So wird's gemacht:

1. Das Gemüse putzen, waschen und im Ganzen mit der Knoblauchzwiebel und dem Bouquet garni auf den Boden eines Brattopfes geben.
2. Das Kalbskarree zurechtschneiden und die Niere aus dem Fett schälen.
3. Den Braten salzen, pfeffern und die Niere auf das Fleisch legen.
4. Mit in Scheiben geschnittenem Nierenfett belegen und einige Fettstückchen zum Gemüse geben.

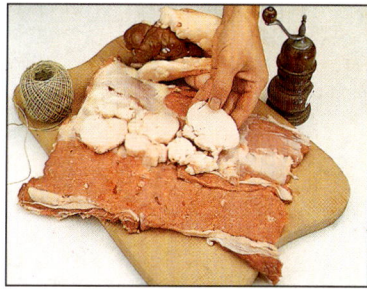

5. Das Fleisch zusammenrollen und mit einer Küchenschnur binden.

6. Das Fleisch auf das Gemüse legen, den Wein angießen, nochmals salzen, die Butter dazugeben und im auf 180 Grad vorgeheizten Backofen etwa 2 Stunden garen.
7. Das Fleisch in Scheiben schneiden, mit dem Bratensaft und dem Gemüse überziehen und servieren.

Tip à la Bocuse

Wenn Sie Gemüse kleinschneiden müssen, geht dies problemlos mit dem richtigen Messer. Es sollte nicht zu groß und nicht zu klein, seine Klinge gerade, unten etwas breiter und nach oben spitz zulaufend sein. Für die Zwiebelringe wird die geschälte Zwiebel zuerst halbiert und dann in dünne Scheiben geschnitten.

Für die Zwiebelwürfel ebenfalls zuerst die Zwiebel halbieren. Die Hälften werden nun so in dünne Scheiben geschnitten, daß der Strunk die Zwiebel noch zusammenhält; nochmals längs einschneiden und nun wie die Zwiebelringe schneiden.

Mit etwas Übung geht dies sehr schnell, doch auf die Finger aufpassen! Wenn Sie die Zwiebelwürfel noch kleiner wollen, sollten Sie sie mit einem Wiegemesser oder einem großen Messer hacken.

Sie wissen ja sicherlich, daß Wein, Creme und Butter die französische Küche ausmachen. Besonders der Wein ist bei unserem Nierenbraten sehr wichtig.

Sparen Sie nicht beim Auffüllen des Fleisches. Verwenden sollte man immer einen guten trockenen Weißwein. Nur er garantiert auch eine gute Küche, den schlechten schmeckt man aus den Speisen heraus.

Damit Ihr Kalbsnierenbraten auch wirklich gelingt, sollten Sie ihn fest mit einer Küchenschnur zusammenbinden, so fällt nichts heraus und der Braten behält seine Form. Es gibt viele Möglichkeiten, ihn zusammenzuhalten: vom Netz bis zu Klammern und Holzspießchen, doch die bewährteste Methode ist es, den Braten wie ein Paket zu binden.

Dies ist auch gar nicht schwer. Wenn das Gericht serviert wird, schneidet man einfach die Schnur ab ... voilà.

Mousse au Chocolat

Sie benötigen für 4 Personen:

125 g Butter
200 g Blockschokolade
6 Eigelb und 6 Eiweiß
150 g Zucker
1 Tasse Mokka

So wird's gemacht:

1. Die Butter in einem Topf zerlaufen lassen, die zerbröckelte Schokolade dazugeben und unter Rühren schmelzen lassen.
2. Das Eigelb mit dem Zucker in eine Schüssel geben und schaumig schlagen.
3. Die flüssige Schokolade vorsichtig unterziehen und den Mokka unterrühren.

4. Das Eiweiß steif schlagen, etwas Eiweiß mit einem Schöpflöffel unter die Schokoladenmasse ziehen und diese Masse dann unter das restliche Eiweiß heben.

5. Die Creme in Gläser füllen und über Nacht erkalten lassen.

Die beste Küche ist für mich die einfache, die, bei der die Gerichte auf dem Tisch serviert werden und sich jeder nach Herzenslust bedienen kann. Das einzige Geheimnis dabei ist die Verwendung frischer und hochwertiger Produkte und all der köstlichen Dinge, die uns die Natur bietet.

Lyoneser Kräuterquark

Der Lyoneser Kräuterquark ist ein altbewährtes Rezept aus Lyon. Das „Gehirn der Carnuten", wie es damals hieß, wurde vor Jahrhunderten schon von den Lyoner Seidenwebern zubereitet. Sie ernährten sich damals hauptsächlich von einer Art Quark, den sie mit Kräutern vermischten und als Salat anrichteten.

Wir haben dieses Gericht auf unsere Bedürfnisse zugeschnitten. Außer Quark können Sie auch Frischkäse verwenden. Kräuter sind bei diesem Rezept unentbehrlich, doch halten Sie sich nicht streng an die Rezeptur. Ob Sie vom einen oder anderen etwas mehr oder weniger verwenden, spielt überhaupt keine Rolle, nur frisch sollen die Kräuter sein und nicht zu fein gehackt.

Panierte Weißlinge (Merlans) auf englische Art

Der panierte Fisch wird für unser Rezept mit einer Butter „Maitre d'Hotel" serviert.
Es heißt zwar „Merlan auf englische Art", doch persönlich finde ich, daß es ein typisch französisches Gericht ist.
Anstelle des Merlans können Sie auch einen anderen Fisch verwenden. Eine besondere Köstlichkeit wird der Zander, wenn er nach diesem Rezept zubereitet wird.
Noch ein kleiner Tip am Rande: Wenn Sie die Butter zum Braten verwenden, geben Sie einige Tropfen Öl dazu, um das Anbrennen des Gargutes zu verhindern (Butter ist wasserhaltig!).

Apfelbeignets

Apfelbeignets oder Apfelkrapfen sind besonders leicht zuzubereiten. Ein leckeres Dessert, das groß und klein schmeckt. Mit Puderzucker bestreut, werden die Apfelbeignets noch lauwarm serviert.
In manchen Gegenden wird Vanillesauce oder Marmelade dazu gereicht. Ob Sie die Äpfel für dieses Rezept schälen oder mit der Schale in Scheiben schneiden, bleibt ganz Ihrem Geschmack überlassen. Doch lassen Sie den Rum weg, wenn Sie das Dessert Kindern servieren; Sie können die Äpfel ja einfach mit Zitronensaft marinieren.
Der Teig wird dann mit Milch und Wasser angerührt. Für die Erwachsenen gibt es noch eine Variante, bei der für Bier Wein verwendet wird. Sie sehen, es gibt viele Möglichkeiten, ein Rezept abwechslungsreich zu gestalten, und dies sollten Sie zu Hause auch öfter probieren, es ist gar nicht so schwer.

Lyoneser Kräuterquark

Sie benötigen für 4 Personen:

500 g Magerquark
oder mageren Frischkäse
20 g Petersilie
10 g Schnittlauch
10 g Kerbel
10 g Estragon
1 Knoblauchzehe
1 Schalotte
Meersalz
Pfeffer aus der Mühle
2 – 3 El Olivenöl
2 – 3 El Weißwein-
oder Rotweinessig
1 El Crème fraîche

So wird's gemacht:

1. Den Quark in eine Schüssel geben.
2. Die Kräuter verlesen und klein schneiden.
3. Den geschälten Knoblauch und die geputzte Schalotte fein hacken.
4. Alles zum Quark geben, mit Salz, Pfeffer, dem Olivenöl und dem Weinessig würzen.
5. Die Crème fraîche dazugeben und die Zutaten mit dem Schneebesen verrühren.
6. Einige Stunden im Kühlschrank ziehen lassen und servieren.

Panierte Weißlinge (Merlans) auf englische Art

Sie benötigen für 4 Personen:

4 Merlan à 350 – 400 g
Meersalz
Pfeffer aus der Mühle
4 Eier
1 – 2 Tassen Paniermehl
Butter
Außerdem:
60 g Butter
1 – 2 El gehackte Petersilie
Saft von 1 Zitrone

So wird's gemacht:

1. Die küchenfertigen Fische mit einem scharfen Messer entgräten.

2. Die Fische salzen und pfeffern, zuerst in dem verquirlten Ei und anschließend in dem Paniermehl wenden.
3. Die Fische in einer Pfanne mit Butter auf jeder Seite etwa 5 Minuten braten.

4. Die Butter mit der Petersilie und dem Zitronensaft schaumig rühren, mit Salz und Pfeffer würzen.
5. Die Butter über die angerichteten Fische geben und servieren.

Apfelbeignets

Sie benötigen für 4 Personen:

4 säuerliche Äpfel
Rum zum Marinieren
Für den Teig:
125 g Mehl
1 Tl Zucker
1 Prise Salz
1 Tasse Bier
2 Eier
30 g Butter
Fett zum Braten
Puderzucker zum Bestreuen

So wird's gemacht:

1. Die Äpfel schälen, entkernen und in Scheiben schneiden, auf einen Teller legen und mit Rum marinieren.
2. In der Zwischenzeit das Mehl mit dem Zucker und dem Salz in einer Schüssel vermischen.
3. Mit dem Bier und den Eiern zu einem glatten, nicht zu flüssigen Teig verrühren.
4. Die geschmolzene Butter unterziehen.

5. Die Apfelscheiben im Teig wenden und in schwimmendem Fett ausbacken.

6. Mit Puderzucker bestreut servieren.

Tip à la Bocuse

Der Fisch ist für unsere Küche von großer Bedeutung. Wie das Fleisch zählt er zu den Delikatessen, die wir für alle großen Anlässe, aber auch für den täglichen Gebrauch verwenden. Er ist auch für die Ernährung sehr wichtig. Fisch ist leichter verdaulich als Fleisch, er hat einen sehr hohen Eiweißgehalt. Der Fettanteil im Verhältnis zum Eiweißgehalt ist im allgemeinen beim Fisch gering. Neben essentiellen Fettsäuren und fettlöslichen Vitaminen liefert der Fisch B-Vitamine, außerdem sind die Seefische wichtige Jod-Lieferanten. Die Mineralstoffe sind unter anderem Calcium, Phosphor und Eisen. Fisch kann auf vielerlei Arten zubereitet werden, einige davon wollen wir Ihnen vorstellen.

Fisch im Sud

Dafür wird der küchenfertige Fisch auf einen Siebeinsatz gelegt und mit einer gewürzten Flüssigkeit übergossen. Der Topf wird dann auf dem Herd zum Kochen gebracht, anschließend bei niedriger Hitze ganz langsam gargezogen. Für den Sud eignen sich Weißwein, Essig, Zitronensaft, Zwiebeln und anderes Wurzelgemüse, auch Milch oder Fleischbrühe. Gewürzt wird mit Nelken, Lorbeerblättern, Pfefferkörnern und natürlich Meersalz.

Fisch im schwimmenden Fett gegart

Diese Garart ist besonders im Mittelmeerraum beliebt. Das Fett, das Sie dafür verwenden, soll sauber und sehr hoch erhitzbar sein, damit es nicht verbrennt. Es werden meist kleine Fische oder Fischstücke verwendet. Das Fett muß „rauchen", wenn das Gargut hineinkommt. Der Fisch soll sprudelnd garen und nicht im Fett kochen, also auf die Hitze aufpassen!

Gebratener Fisch

Wer kennt sie nicht, die Zubereitung nach Art der Müllerin? Dabei wird der Fisch, küchenfertig wie er ist, gesalzen, gepfeffert, mariniert und dann in Mehl gewendet. Gebraten wird er in mit etwas Olivenöl versetzter Butter. Ob auf dem Herd in einer Pfanne oder in einer feuerfesten Form im Ofen ist immer eine Entscheidung, die nach Größe des Fisches getroffen wird.

Geschmorter oder gedünsteter Fisch

Diese Garmethode wird meist für große, ganze Fische verwendet. Dafür wird eine große Schmorpfanne vollständig mit Gemüse belegt. Karotten, Sellerie, Champignons, Tomaten oder Frühlingszwiebeln eignen sich ausgezeichnet dafür. Auf das Gemüse wird der küchenfertige, gewürzte Fisch gelegt; mit wenig Weißwein, Rotwein oder Fischfond kann man nun angießen und bei geschlossenem Topf wird das Ganze im Ofen gegart. Zum Schluß wird der Fisch nochmals bei starker Hitze gebraten, damit die Haut einen goldenen Schimmer bekommt, dabei öfter mit dem Sud begießen.

Pochierter Fisch

Diese Garart ähnelt dem geschmorten Fisch. Der Unterschied besteht darin, daß hier der Fisch mit etwas mehr Flüssigkeit übergossen wird. Er soll zu $^3/_4$ in der Flüssigkeit liegen. Der Fischfond wird dann nach dem Garen im Backrohr, je nach Rezept, mit einer Sauce weiterverarbeitet.

Gegrillter Fisch

Es ist nicht leicht, einen großen Fisch auf dem Grillrost zu garen, schon viele Köche haben sich dabei die Finger verbrannt. Sie kennen sicher auch die Schwierigkeiten, die diese Garart mit sich bringt. Verwenden Sie deshalb zu Hause möglichst kleine Fische, die als Portion schneller gar sind. Hierbei spielt dann auch die Hitze keine allzugroße Rolle. Bestreichen Sie den Fisch dann öfter mit Öl oder zerlassener Butter, so wird auch die Haut noch schön knusprig. Die großen Fische (ab 2 kg) müssen auf den Seiten mit einem scharfen Messer einige Male quer eingeschnitten werden. Dies ermöglicht ein gleichmäßigeres Garen.

*Tradition, Gemütlichkeit und Wohlbehagen dürfen in unserer Küche und am Familientisch
nicht fehlen. Beim Anblick der dampfenden Schüssel, die mitten auf dem Tisch steht,
soll einem das Wasser im Mund zusammenlaufen.
Sie wissen ja, kochen soll man mit Liebe und mit Herz für alle, die man gern hat
(und natürlich auch für sich selbst).*

Kürbissuppe

Es ist schon eine ziemliche Menge, wenn Sie einen ganzen Kürbis für diese Suppe verarbeiten. Doch einen großen Vorteil hat das schon. Sie können den Kürbis dann als Suppenschüssel verwenden. Also laden Sie sich Freunde ein oder bereiten Sie diese Suppe, wenn Ihre ganze Familie am Sonntagstisch sitzt.
Für die Kinder kann dann diese Suppenschüssel auch noch ein großer Spaß werden. Mit einem Messer wird ein Gesicht in die Kürbiswand geschnitten, eine Kerze kommt hinein – und fertig ist das Gruselmonster. Also guten Appetit und viel Spaß!

Hammelkoteletts
mit Kartoffeln

Dieses herrliche Gericht stammt aus den ländlichen Gebieten Frankreichs.
Früher war es dort Brauch, diese Speise am Sonntag zum Bäcker zu bringen, der sie dann in den großen Backofen geschoben hat. Und wenn der Sonntagsstriezel fertig war, war auch das Mittagessen soweit.
Übrigens, wenn Sie für dieses Gericht keine Hammelkoteletts verwenden wollen, Schweine- oder Kalbskoteletts eignen sich.
Und noch eins: Der Knoblauch wird in Frankreich als Gewürz erst nach dem Auffüllen dazugegeben; das Braten in Öl oder Fett stammt aus der italienischen Küche.
Beim Servieren sollten Sie das Fleisch auf sehr heißen Tellern anrichten, damit das Fett nicht zu schnell kalt wird und erstarrt. Nur sehr heiß gegessen entfaltet es seinen köstlichen Geschmack.

Waffeln à la
„Grandmère Bocuse"

Das Kochen allein ist schon ein Fest, und wenn dann erst Waffeln auf den Tisch des Hauses kommen, wird jeder Feinschmecker ins Reich der Gaumenfreuden versetzt. Die Waffeln sind sehr reichhaltig, Sie können sie aber auch mit etwas weniger Butter und Sahne zubereiten.
Für die Zubereitung benötigen Sie natürlich ein Waffeleisen, damit auch alles richtig gelingt. Denken Sie sich auch nichts dabei, wenn die erste Waffel nichts wird.
Da gibt es bei den Köchen einen Spruch, der lautet: Der erste gehört den Hunden.
Da der Teig sehr fetthaltig ist, brauchen Sie das Eisen auch nicht einzuölen. Nur mit Puderzucker bestäubt und noch warm serviert sind diese Waffeln ein Genuß.

Kürbissuppe

Sie benötigen für 4 Personen:

2 kleine Stangen Lauch
60 g Butter
500 g Kürbisfleisch
(Muskatkürbis)
300 g mehlige Kartoffeln
¼ l Milch
¼ l Wasser
Meersalz
Pfeffer aus der Mühle
1 Tasse Crème fraîche

So wird's gemacht:

1. Den geputzten, gewaschenen Lauch in kleine Ringe schneiden und mit der Butter in einem Topf glasig dünsten.
2. Das Kürbisfleisch und die geschälten Kartoffeln klein schneiden und zum Lauch geben.
3. Mit der Milch und dem Wasser auffüllen, mit Salz und Pfeffer abschmecken und bei mittlerer Hitze 30 Minuten kochen lassen.
4. Die Suppe mit dem Schneebesen oder dem Handmixer pürieren, die Crème fraîche unterziehen und servieren.

Hammel-koteletts mit Kartoffeln

Sie benötigen für 4 Personen:

1½ kg Kartoffeln
1 große Zwiebel
4 große Hammelkoteletts
Meersalz
Pfeffer aus der Mühle
50 g Butter
3 Knoblauchzehen
1 Zweig Thymian
1 Lorbeerblatt
etwa ¾ l Wasser
Butterflöckchen

So wird's gemacht:

1. Die geschälten Kartoffeln und die geschälten Zwiebeln in dicke Scheiben schneiden.
2. Die Kartoffeln, die Zwiebeln und die Hammelkoteletts salzen und pfeffern.
3. Die Koteletts mit wenig Butter in einer Pfanne anbraten.
4. Eine feuerfeste Form mit der restlichen Butter bestreichen, mit dem kleingehackten Knoblauch, dem Thymian, dem Lorbeerblatt und den Zwiebeln den Boden aus-legen.
5. Darauf die Hammelkoteletts legen und mit den Kartoffelschei-ben abdecken.

6. Das Wasser angießen, mit Butterflöckchen belegen und in dem auf 220 Grad vorgeheizten Backofen 40 – 45 Minuten garen.

Waffeln à la „Grandmère Bocuse"

Sie benötigen für 4 Personen:

Für den Teig:

250 g Mehl
¼ l süße Sahne
1 El Zucker
1 Prise Salz
1 – 2 El Wasser
2 Eier
2 Eigelb
150 g Butter
2 Eiweiß

Außerdem:

Aprikosenmarmelade
Puderzucker

So wird's gemacht:

1. Das Mehl mit der Sahne, dem Zucker, dem Salz und dem Wasser in einer Schüssel zu einem glatten Teig verrühren.
2. Den Teig mit den Eiern und dem Eigelb sowie der geschmolzenen Butter verrühren.
3. Die Eiweiß zu einem leichten Schnee schlagen und unter den Teig rühren.

4. Den Teig portionsweise auf ein Waffeleisen geben und ausbacken.

5. Die Waffeln anrichten, mit Aprikosenmarmelade bestreichen, mit Puderzucker bestreuen und servieren.

Tip à la Bocuse

Bouquet garni

Das Bouquet garni ist ein aus Kräutern und Gemüse zusammengebundenes Bündel, das die Speisen würzen soll. So kann es nach dem Kochen sehr leicht wieder entfernt werden.

Für ein Bouquet garni verwenden wir Sellerielaub, Petersilie, Thymianzweige, ein kleines Lorbeerblatt und je nach Gericht auch andere Kräuterzweige. Umhüllt werden diese Kräuter mit Lauchblättern und so zusammengebunden.

Geschälte Tomaten

Auch für das Schälen der Tomaten gibt es einen kleinen Trick. Die Tomaten werden über Kreuz eingeschnitten und kurz in kochendes Wasser gehalten. Man schreckt sie dann unter fließendem Wasser ab. So läßt sich die Haut schnell und einfach lösen.

Jetzt erst wird der Strunk entfernt, denn wenn dies vorher geschehen wäre, hätte das Wasser die Tomaten ausgelaugt.

Diese Methode kann man auch bei Pfirsichen oder Aprikosen anwenden.

*Wissen Sie, bei uns gibt es ein Sprichwort, das sagt: „Gott ist sehr bekannt,
trotzdem läßt er jeden Sonntag den Pfarrer die Kirchenglocken läuten".
Für uns heißt das: Kochen ist Allgemeingut, aber wenn man darüber hinaus weiß,
wie es gemacht wird, ist das noch besser.*

Rühreier mit Trüffeln

Die schwarzen Trüffel sind selten
und sehr kostbar, deshalb ist es
gerade für dieses Gericht äußerst
wichtig, alles richtig zu machen.
In Frankreich werden die Trüffel
nicht nur mit abgerichteten Hunden, sondern auch mit Schweinen
gesucht. Die Trüffel wachsen unter
dem Boden in einer Tiefe von 5 bis
40 Zentimetern. Meist gedeihen
diese Pilze unter Eichen.
Geerntet werden die Pilze von
Anfang Dezember bis Ende März.
Wenn Sie einmal zu Hause die frischen Trüffel verwenden, sollten
Sie die Schale nicht wegwerfen.
Getrocknet und fein gerieben kann
sie als Gewürzsalz verwendet
werden.

Coq au vin

Für unser Coq au vin, Huhn in Rotwein, verwenden wir wieder das
Geflügel aus der Bresse und natürlich die obligatorische Flasche
Wein. Sicher ist Ihnen das eine
oder andere Rezept bekannt. Es
gibt von diesem klassischen
Gericht auch mittlerweile viele
Varianten und es zählt zu den klassischen Rezepten der französischen Küche.
Wir binden die Sauce für das Coq
au vin mit der Leber. Wenn Sie
nun keine Geflügelleber bekommen, so kann man auch Schweine-
leber verwenden. Wer das Gericht
noch sämiger haben will, sollte es
mit Mehlbutter binden, aber bevor
die Leber dazukommt. Der Feinschmecker, der nicht an unsere
Bresse-Hähnchen herankommt,
kann dieses Gericht getrost mit
Poularden oder Masthähnchen
nachvollziehen, es schmeckt
bestimmt. Wie gesagt, wenn auch
der Wein gut ist.

Äpfel „Bonne Femme"

Äpfel „Bonne Femme", was soviel
heißt wie „Ammenäpfel", sind ein
wunderbarer und sehr leicht zu
bereitender Nachtisch. Diese Äpfel
sind bei kleinen und großen
Naschkatzen beliebt, obwohl nur
ganz wenig Zutaten dafür verwendet werden. Wichtig ist die Qualität
des Apfels. Wenn möglich, sollten
auch Sie einen Canadaapfel oder
eine Renette nehmen. Übrigens:
Nach dem gründlichen Waschen
muß der Apfel mit einem sauberen
Tuch gut trockengerieben werden.

Rühreier mit Trüffeln

Sie benötigen für 4 Personen:

| 8 Eier |
| Meersalz |
| Pfeffer aus der Mühle |
| 200 g frische Trüffel |
| 80 g Butter |
| 1 – 2 El Crème fraîche |
| Trüffelscheiben zum Garnieren |

So wird's gemacht:

1. Die Eier in eine Schüssel geben, salzen und pfeffern und die Eier leicht verschlagen.
2. Die Trüffel dünn schälen und in kleine Würfel schneiden.

3. Die Pilze zu den Eiern geben und zugedeckt über Nacht in den Kühlschrank stellen.

4. Die Butter in eine feuerfeste Schüssel geben und ins Wasserbad stellen.
5. Die Trüffel-Eimasse dazugeben und unter ständigem Rühren etwa 20 – 25 Minuten stocken lassen.

6. Die Crème fraîche unterrühren, nochmals abschmecken und auf Tellern anrichten.
7. Mit dünnen Trüffelscheiben garnieren und servieren.

Coq au vin

Sie benötigen für 4 Personen:

1 Huhn etwa 1800 g
(wenn möglich Bresse-Huhn)
Meersalz
Pfeffer aus der Mühle
60 g Butter
100 g mageren Speck
1 kleine Stange Lauch
1 Bund Frühlingszwiebeln
2 Karotten
2 – 3 Knoblauchzehen
einige Zweige Petersilie
1 Zweig Thymian
1 Zweig Bleichsellerie
1 kleines Lorbeerblatt
1 Flasche Rotwein
150 g frische Champignons
oder andere Waldpilze
80 – 100 g Geflügelleber
1 El Mehl
1 kleines Glas Cognac
2 – 3 El gehackte Petersilie

So wird's gemacht:

1. Das küchenfertige Huhn in Stücke zerteilen, das Fleisch in große Stücke schneiden und die Knochen hacken.
2. Mit Salz und Pfeffer würzen und mit der Butter in einer Pfanne goldgelb braten.
3. Den Speck kleinwürfeln, zum Geflügelfleisch geben und mitbraten.

4. Den Lauch, die Frühlingszwiebeln und die Karotten putzen, in dickere längliche Stücke schneiden.
5. Mit dem gehackten Knoblauch und den Gewürzen zum Fleisch geben und mit dem Rotwein auffüllen.
6. Bei mittlerer Hitze 30 – 40 Minuten dünsten lassen.
7. Das Fleisch und das Gemüse herausnehmen und warmstellen, jetzt die geputzten Champignons zum Fleisch geben.

8. Die feingehackte Leber mit dem Mehl und dem Cognac verrühren und die Sauce damit binden.
9. Die Sauce durch ein Sieb zum Fleisch passieren und nochmals aufkochen lassen.

10. Auf einer vorgewärmten Platte anrichten und mit der Petersilie bestreut servieren.

Äpfel „Bonne Femme"

Sie benötigen für 4 Personen:

4 große Äpfel
40 g Butter
1 Tasse Wasser
4 El Zucker
4 El Himbeergelee

So wird's gemacht:

1. Die Äpfel waschen und entkernen, mit einem Messer in der Mitte rundherum leicht einschneiden.
2. Eine feuerfeste Form ausfetten und die Äpfel hineinsetzen.

3. Die restliche Butter in die Äpfel füllen, das Wasser angießen und die Äpfel mit dem Zucker bestreuen.
4. In den auf 180 Grad vorgeheizten Backofen geben und 25 – 30 Minuten backen.
5. Mit je einem Eßlöffel Himbeergelee bedecken und sofort servieren.

Frischkräuter sind aus unserer heutigen Küche nicht mehr wegzudenken.

Wer nicht die Möglichkeit hat, jeden Tag auf dem Markt die frischen Kräuter zu kaufen, der kann sich ganz einfach einen kleinen Kräutergarten anlegen. Die meisten Kräuter lieben nicht zu feuchte Böden; schwere Böden beeinflussen sie zur Schärfe hin. Ideal für Ihren Kräutergarten wäre ein Hochbeet, das auf gerodetem Boden angelegt wird. Verwittertes Laub und Kompost sind der richtige Untergrund.

Wir wollen Ihnen einige der wichtigsten Kräuter vorstellen, die auch in Ihrer Küche nicht fehlen sollten:

Basilikum

Die frischen Blätter werden vor der Blüte in der Küche verwendet. Sie passen ausgezeichnet zu Suppen und Saucen aus Tomaten, zu Fleisch-, Fisch- und Geflügelgerichten. Auch für die Gemüse- und Salatzubereitung sind sie geeignet.

Bohnenkraut

Wegen seines Geschmacks wird dieses Kraut auch als Pfefferkraut bezeichnet.

Der Geschmack ist sehr intensiv; Vorsicht beim Würzen, nur sparsam verwenden!

Paßt ausgezeichnet zu allen Bohnengerichten, in Eintöpfe, deftige Suppen, zu Lamm- und Hackfleisch.

Dill

Das Kraut hat einen ausgeprägten Eigengeschmack und wird meist für feine Speisen verwendet. Besonders geeignet für Fisch- und Gemüsegerichte, aber auch für Lamm-, Geflügel- und Kalbfleisch sowie für Salate, Eierspeisen, in Suppen und Saucen.

Estragon

Das sehr feinwürzige Kraut verwendet man in Saucen, Suppen und Salaten, für Fisch-, Geflügel- und Kalbfleischgerichte und für Eierspeisen.

Kerbel

Verwendet wird nur das zarte, frische Kraut. Es eignet sich ausgezeichnet für Kräuter- und Kartoffelsuppen, für Saucen, Buttermischungen und macht Salate und Eierspeisen schmackhafter.

Petersilie

Dieses Kraut ist vielseitig verwendbar und in jeder Küche zu Hause. Frisch gehackt sollte die Petersilie erst kurz vor Garende zugegeben werden.

Das Kochen verstärkt den Geschmack und das Aussehen. Verwendung für alle Gerichte außer für Süßspeisen.

Rosmarin

Dieses Kraut soll sparsam zugegeben werden, da es einen intensiven Würzgeschmack besitzt. Für Lamm, Gans oder Ente und für Wildgerichte, für Würzöle und Marinaden bestens geeignet.

Salbei

Auch dieses Gewürz ist sehr intensiv. Verwendet wird es aber, ähnlich dem Rosmarin, in kleiner Dosierung.

Thymian

Verwendet kann er für alle kräftigen Gerichte werden, für Wild-, Schweine- oder Rindfleisch, in Eintöpfen oder für den Kochsud.

In Lyon gibt es kein Essen ohne Wein. Es muß ja nicht immer eine berühmte Marke sein, für den Alltag ist ein Landwein, ein sogenannter kleiner Wein, der aus der Gegend stammt, der passende Tropfen – ein kleiner Weißwein, Rosé oder Rotwein. Wissen Sie, für uns Franzosen ist gute Küche eine Vermählung von guten Weinen mit gutem Essen. „Ein Essen ohne Wein ist wie ein Tag ohne Sonne."

Rotbarben in Weißwein

Für dieses Rezept haben wir Rotbarben ausgewählt, doch genausogut können Sie andere Sorten dafür verwenden. Besonders geeignet für die Zubereitung sind Karpfen, Goldbarsch und alle anderen Barscharten. Wichtig ist nur: sie sollten alle festes Fleisch und eine gewisse Größe haben. Für 4 Personen rechnen wir immer 1,4 bis 1,5 kg, es soll ja auch jeder satt werden.

Für die Zubereitung müssen Sie den Fisch küchenfertig vorbereiten lassen, oder Sie machen das selbst. Fische mit Schuppen müssen natürlich geschuppt und wie die übrigen ausgenommen und gut gesäubert werden, bevor sie auf den Küchentisch kommen. Das Blut am Rückgrat kann man besonders leicht mit einem Löffel oder mit dem Fingernagel herausschaben. Unter fließendem Wasser lassen sich die Blutreste leicht entfernen.

Rindfleisch auf Burgunderart

Das Rinderragout, in rotem *Burgunder* geschmort, ist ein herrliches Rezept aus dieser berühmten französischen Weingegend.

Das soll aber nicht heißen, daß Sie es nur mit Burgunder-Rotwein zubereiten können. Mit einer anderen Rotweinsorte gelingt es bestimmt auch, nur gut muß der Wein sein – guter Wein heißt gute Küche.

„Rindfleisch auf Burgunderart" wird besonders wegen der feinen Weinsoße zubereitet. Sie sind nicht unbedingt auf Rindfleisch festgelegt. Versuchen Sie es ruhig einmal mit Wild- oder Schweinefleisch. Sie werden sehen, auch mit anderen Fleischsorten wird dieses Gericht eine Delikatesse und schmeckt einfach wunderbar. Die weiteren Zutaten und die Zubereitung bleiben die gleichen wie für dieses Rezept.

Birnen in Rotwein

Noch ein Gericht, bei dem wir sehr viel Rotwein verwenden. Auch hier gilt, wie für so viele Weingerichte: Der Wein darf ruhig großzügig angegossen werden. Die Birnen, die für unser Rezept die Hauptzutat sind, sollen auch nach dem Kochen noch fest sein und nicht auseinanderfallen. Sie werden sehen, es schmeckt vorzüglich und die Farbe erfreut das Auge. Unkompliziert und schnell, mit frischen Zutaten, so soll es auch in Ihrer Küche gehandhabt werden.

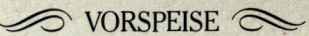

Rotbarben in Weißwein

Sie benötigen für 4 Personen:

50 g Butter
4 Schalotten
150 g Champignons
4 Tomaten
1 kleines Lorbeerblatt
1 Zweig Thymian
1 Zweig Estragon
1 Bund Petersilie
1 Rotbarbe, etwa 1500 g
Meersalz
Pfeffer aus der Mühle
1 Flasche Weißwein
einige Butterflöckchen

So wird's gemacht:

1. Eine feuerfeste Form ausfetten und den Boden mit den in Ringe geschnittenen Schalotten, den geputzten und in Scheiben geschnittenen Champignons, den enthäuteten, entkernten und kleingeschnittenen Tomaten und den Gewürzen sowie der gehackten Petersilie belegen.

2. Den küchenfertigen Fisch auf das Gemüse legen, salzen, pfeffern und den Weißwein angießen.

3. Mit den Butterflöckchen belegen, die Form mit Alufolie bedecken und im auf 210 Grad vorgeheizten Backofen etwa 30 Minuten garen.

4. Herausnehmen und servieren.

Rindfleisch auf Burgunderart

Sie benötigen für 4 Personen:

1 kg Rinderschulter
125 g durchwachsenen,
geräucherten Speck
Meersalz
Pfeffer aus der Mühle
400 g junge Karotten
1 Bund Lauchzwiebeln
60 g Butter
2 El Mehl
2 cl Cognac
2 Flaschen roten Burgunderwein
2 Knoblauchzehen
1 Bouquet garni

So wird's gemacht:

1. Das Fleisch und den Speck in grobe Würfel schneiden, salzen und pfeffern.
2. Das geputzte Gemüse in grobe Stücke schneiden.
3. Die Butter in einem Topf erhitzen, den Speck und das Fleisch darin leicht anbraten. Das Gemüse dazugeben und kurz mitschwitzen.

4. Mit dem Mehl bestäuben, mit dem Cognac ablöschen und mit dem Rotwein auffüllen.
5. Den kleingehackten Knoblauch und das Bouquet garni dazugeben, bei mittlerer Hitze 2 ½ Stunden köcheln lassen und servieren.

Birnen in Rotwein

Sie benötigen für 4 Personen:

8 Birnen
150 g Würfelzucker
1 Zimtstange
2 Vanilleschoten
2 Gewürznelken
5 Pfefferkörner
2 – 3 El Johannisbeergelee
1 Flasche Rotwein

So wird's gemacht:

1. Die Birnen schälen und mit dem Stiel nach oben in eine Kasserolle stellen.

2. Den Zucker, die Gewürze und das Gelee dazugeben, mit dem Rotwein angießen und bei starker Hitze etwa 20 Minuten kochen.

3. Die Birnen anrichten, mit dem Wein übergießen, erkalten lassen und servieren.

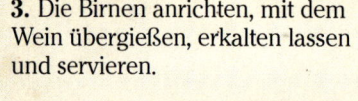

Tip à la Bocuse

Es ist nicht unbedingt erforderlich, zu jedem Gang einen anderen Wein zu servieren. Sie können beispielsweise nur Rotwein trinken oder bei einem Fest, das längere Zeit dauern soll, nur Weißwein. Serviert man bei uns Fisch, so wird üblicherweise Weißwein gereicht – ein St. Vérand oder Mâcon, für festliche Anlässe ein Puilly-Fuissé. Soll Rotwein getrunken werden, ist die Auswahl sehr groß. Um nur einige zu nennen: Beaujolais, Beaujolais Village, Morgon, St. Amour oder einen Chiroubles und viele andere bekannte Weine, nicht zu vergessen natürlich die aus der Bourgogne, die auch ein wahrer Genuß für Zunge und Gaumen sind.

Wir wollen uns nun mit einigen wichtigen Regeln hinsichtlich des Weintrinkens befassen. Es gibt zwar kaum unumstößliche Grundsätze, doch einiges sollte man beachten, wie zum Beispiel Weißwein vor Rotwein, jungen vor alten Wein, gehaltvolle nach zarten Weinen und schließlich die trockenen nach den süßen.

Für den Weingenuß ist die Temperatur sehr wichtig. Weißwein sollte man bei einer Temperatur zwischen 7 und 10 Grad Celsius servieren, einen leichten Rotwein zwischen 10 und 14 Grad Celsius und einen schweren Rotwein oder älteren Jahrgang zwischen 14 und 20 Grad Celsius.

Grundsätzlich gilt, daß zu Gerichten oder Salaten, die mit Essig angemacht werden, kein Wein gereicht werden soll. Das gilt auch für Gerichte mit Früchten.

Eine große Rolle für die Qualität des Weines spielt auch seine Lagerung:

Regel 1:
Weine sollen an einem dunklen Ort gelagert werden. Licht beeinflußt den Geschmack, und seine Blume ist sozusagen in der Luft verblasen.

Regel 2:
Die Flaschen sollten horizontal gelagert werden. Dadurch kommt der Wein mit dem Korken in Berührung, der so nicht austrocknen kann; außerdem kann auf diese Weise keine Luft in die Flasche dringen.

Regel 3:
Die ideale Lagertemperatur liegt zwischen 12 und 15 Grad Celsius.

MENU
8

*Wenn sich Menschen um einen Tisch setzen, um miteinander zu essen, ist dies ein sehr
wertvolles Element unseres Zusammenlebens. Es werden Freundschaften vertieft,
Konflikte gelöst und Probleme aus der Welt geschafft.
Der Tisch und die Gemeinsamkeit des Essens – das führt die Leute zueinander.*

Trüffelsuppe Elysée

Dieses spezielle Rezept, das ich
Ihnen heute zeigen werde, habe
ich 1975, als mir das Kreuz der
Ehrenlegion verliehen wurde, für
den damaligen Präsidenten Gis-
card d'Estaing neu kreiert. Aber
eigentlich ist die Trüffelsuppe ein
sehr altes traditionelles Gericht,
das besonders im Gebiet Ardèche
serviert wird. Es ist ein Gericht für
einen besonderen Tag, denn auch
die Zutaten sind nicht ganz billig.
Doch wenn Sie einmal eine solche
Spezialität kochen wollen, dürfen
Sie wirklich nur die besten Zutaten
verwenden, erst dann wird der
Genuß vollkommen.

Zwischenrippenstück auf Winzerart

Das „Zwischenrippenstück auf
Winzerart", Entrecôte Vigneronne,
wie es genannt wird, ist eine Spe-
zialität, die mit einer Beaujolais-
Sauce zubereitet wird. Für das
Entrecôte sollten Sie gut abgela-
gertes Fleisch verwenden. Vor der
Zubereitung müssen Sie das
Fleisch mindestens 5 bis 6 Stunden
aus dem Kühlschrank nehmen,
damit es Zimmertemperatur
annehmen kann. Es wird dann
beim Braten um vieles besser.
Dazu serviert man natürlich den
Wein, den Sie zur Bereitung der
Sauce verwendet haben, einen
Beaujolais. Als Beilage empfehle
ich Nudeln, Reis, Kartoffeln oder
Spinat und ein Kartoffelpüree.

Crêpes à l'Orange

Jetzt verrate ich Ihnen ein Rezept,
das Geheimnis der Crêpes mit
Orangenmarmelade, wie wir es
immer bei meinem Lehrmeister
Point gemacht haben. Ich persönlich mag die Crêpes „nature" am
liebsten – nur mit Zucker darauf.
Eine Variante für Erwachsene ist
es, sie mit Grand-Marnier oder
Cognac zu beträufeln und mit
Puderzucker zu bestreuen.
Die Crêpes sollen hauchdünn aus-
gebacken werden, denn erst dann
sind sie eine Delikatesse. Lassen
Sie sich verführen, wenn die Crêpes auf dem Tisch stehen und
Guten Appetit!

Trüffelsuppe Elysée

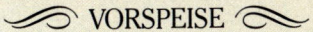

3. Salzen, pfeffern, mit dem ausgerollten und zurechtgeschnittenen Blätterteig die Suppentassen abdecken und gut andrücken.

Sie benötigen für 4 Personen:

4 El Vermouth
¾ l Fleisch- oder Geflügelbrühe
4 schwarze Trüffel à 50 g
200 g Gänseleber
100 g kleingehacktes, in Butter gedünstetes Gemüse (Zwiebeln, Karotten, Sellerie, Champignons)
100 g gekochte Geflügelbrust
Meersalz
Pfeffer aus der Mühle
4 Blätterteigscheiben à 60 g (TK-Produkt)
2 Eigelb

So wird's gemacht:

1. Je einen Eßlöffel Vermouth auf vier feuerfeste Suppenschüsseln verteilen und die Fleischbrühe angießen.

2. Die in kleine Scheiben geschnittenen Trüffel, die Gänseleber, das Gemüse und die in kleine Würfel geschnittene Geflügelbrust dazugeben.

4. Mit dem Eigelb den Teig bestreichen, in dem auf 220 Grad vorgeheizten Backofen etwa 18 bis 20 Minuten backen, herausnehmen und servieren.

Zwischen-rippenstück auf Winzerart

Sie benötigen für 4 Personen:

2 Entrecôtes à 600 g
Meersalz
Pfeffer aus der Mühle
60 g Butter
120 g Schalotten
etwas Mehl
1 Flasche Rotwein
60 g gehackte Petersilie

So wird's gemacht:

1. Das zimmerwarme Fleisch salzen, pfeffern, mit etwas Butter in einer Pfanne etwa 7 – 8 Minuten auf jeder Seite braten, herausnehmen und warmstellen.

2. Im verbliebenen Bratfett die gehackten Schalotten glasig dünsten, mit dem Mehl bestäuben und mit dem Rotwein auffüllen, alles zu einer Sauce verkochen.

3. Leicht pfeffern, die restliche Butter in die Sauce geben und unter ständigem Rühren aufkochen lassen.

4. Die gehackte Petersilie unterziehen und nochmals abschmecken.

5. Die Sauce über das Fleisch geben und servieren.

Crêpes à l'Orange

Sie benötigen für 4 Personen:

Für den Teig:
125 g Mehl
1 El Zucker
1 Prise Salz
¼ l Milch
2 Eier
125 g Butter
Außerdem:
bittere Orangenmarmelade
Staubzucker

So wird's gemacht:

1. Das Mehl mit dem Zucker und dem Salz in einer Schüssel mischen.

2. Mit der Milch glattrühren und anschließend die Eier und die flüssige Butter unterziehen.

3. Je einen Eßlöffel Teig in eine kleine Pfanne fließen lassen und den Teig ausbacken. Die Crêpes sollen möglichst dünn sein.

4. Die Crêpes mit der Orangenmarmelade bestreichen, zusammenfalten und mit Staubzucker bestreut servieren.

Tip à la Bocuse

Rindfleisch

Der grundsätzliche Unterschied zwischen der Qualität französischen Rindfleisches und dem anderer Nationen besteht darin, daß das französische Fleisch mindestens 14 Tage bis 3 Wochen vor dem Verbrauch in der Küche abgehangen wird. Wenn Sie zu frisches Fleisch bekommen, sollten Sie es zu Hause lieber noch etwas lagern als es gleich zu essen. Gerade für die kurzgebratenen Stücke ist dies wichtig, denn das Steak ist sonst zäh und es ist schade um das Fleisch.

Das Fleisch „erster Qualität", wie es in Frankreich angeboten wird, kommt vor allem aus dem Rückenstück. Zwischen Schulter und Keule sitzen dann Hochrippenstück, das Filet und das Roastbeef. Das Filet kann grundsätzlich auf fünf verschiedene Arten geschnitten werden:

1. Das *Filetsteak,* das beliebteste und gesuchteste Stück, wird 2 – 3 Zentimeter dick geschnitten und hat ein Gewicht von 180 – 200 g. Es wird quer zur Faser aus dem Filetkopf geschnitten.

Garpunkte international:		
deutsch	**französisch**	**englisch**
innen roh – blau	bleu	underdone
innen vollrot – blutig	saignant	rare
voll rosa – rosa	anglais	medium rare
im Kern rosa – halbrosa	a point	medium
innen grau – durch	biencuit	well done

2. *Chateaubriands* sind die Steaks aus dem Mittelteil des ganzen Filets. Man schneidet sie etwa 3 – 4 cm dick quer zur Faser.

3. *Filetstücke* werden ebenfalls aus dem Mittelteil geschnitten, sind aber nur 1 – 2 cm dick.

4. *Tournedos* sind die kleinen Filetstücke, die am hinteren Teil des Mittelstücks geschnitten werden. Sie sind meist 2 cm dick.

5. *Filets mignons* werden in kleine, ½ – 1 cm dicke Scheiben geschnitten und zwar am schmal zulaufenden Ende.

Das *Roastbeef* und die *Hochrippe* werden vom Knochen gelöst, und wir erhalten daraus das Rumpsteak, das Entrecôte und auch den Rostbraten. Diese Teile eignen sich zum Grillen und Braten. Es ist eine Geschmackssache, wie man sich sein Steak mit den einzelnen Garpunkten braten läßt.

Manchmal erinnert mich unser Beruf an eine Theateraufführung, bei der es zweimal pro Tag heißt: „Vorhang auf".
Ich sage aber auch oft: Das Restaurant von Bocuse in Lyon ist ein Schiff, ein Segelboot, das mittags und abends raus ins offene Meer muß. Meine Gäste sind die Passagiere, die bei uns eine angenehme Zeit verleben und sich hier auch richtig wohlfühlen sollen.

Makrelen in Weißwein

Immer wieder verwundert es, wenn mit wenigen, einfachen Zutaten die köstlichsten Dinge entstehen.

Der Fisch im Weinsud gehört auch zu diesen „einfachen Gerichten", die schnell zuzubereiten und ein Erlebnis für den Gaumen sind. Die Makrele als Konsumfisch ist Ihnen bekannt und man bekommt ihn mittlerweile überall frisch auf den Märkten. Doch ebensogut schmekken die anderen Fischsorten in diesem Sud.

Ob Salzwasser- oder Süßwasserfische – für unser Rezept entscheidet eigentlich Ihr Geschmack oder das Marktangebot.

Wer dann noch die selbstgefangenen Fische auf diese Art zubereiten kann, der wird einen Genuß besonderer Art erleben.

Huhn in Schweinsblase

Das „Huhn in Schweinsblase" ist ein sehr altes Rezept, das schon meine Großeltern in ihrem Wirtshaus den Gästen mit Erfolg servierten. Im Volksmund wird dieses Gericht übrigens „Huhn im Hemd" genannt. Dadurch, daß das Huhn in der Schweinsblase im eigenen Saft gegart wird, bekommt es ein wunderbares Aroma, das durch die verschiedenen feinen Gemüse und die Trüffeln noch gesteigert wird.

Sie müssen nur darauf achten, daß die Schweinsblase gründlich gesäubert und über Nacht in kaltem Wasser eingeweicht werden muß. Die Schweinsblase wird dann umgestülpt, so daß das Huhn von der Außenhaut, die nicht mit den Harnstoffen des Tieres in Berührung gekommen ist, umschlossen wird.

Omelette Soufflé

Dies ist ein sehr altes Rezept, doch haben es unsere Großmütter sicherlich nicht auf diese Weise zubereitet. Damals hat man sich nicht die Mühe gemacht, das Eiweiß zu Schnee zu schlagen. Sie haben wahrscheinlich nur die Eier, den Zucker und ein wenig Rum vermischt und im Ofen herausgebacken.

Damit der Eischnee für unser Omelette auch wirklich steif wird, gibt man noch eine Prise Salz dazu, dies verhindert auch die Bildung von Klümpchen; der Schnee wird gleichmäßig glatt. Soll der Schnee fest bleiben, wenn Sie eine andere Masse dazugeben, dürfen Sie dies nur ganz vorsichtig mit einem Kochlöffel tun – nicht rühren, sondern nur unterheben!

Makrelen in Weißwein

Sie benötigen für 4 Personen:

4 küchenfertige Makrelen à 300 g

4 Frühlingszwiebeln

1 Schalotte

3 Karotten

1 Zweig Bleichsellerie

1 Zweig Estragon

1 Zweig Thymian

etwas Petersilie

etwas Kerbel

1 kleines Lorbeerblatt

3 Gewürznelken

1 Flasche Weißwein

¼ l Weißweinessig

¼ l Wasser

Salz

Pfeffer aus der Mühle

So wird's gemacht:

1. Die küchenfertigen Makrelen in einer feuerfesten Form bereitstellen.

2. Die Frühlingszwiebeln und die Schalotte putzen und in dünne Ringe schneiden.

3. Die Karotten schälen und in Scheiben schneiden; wer will, kann sie zu Sternen oder anderen Formen zurechtschneiden.

4. Das Gemüse mit den Gewürzen in einen Topf geben.

5. Weißwein, Essig und Wasser angießen, das Ganze leicht salzen und pfeffern.

6. Bei mittlerer Hitze ¼ Stunde köcheln lassen.

7. Anschließend den heißen Sud über die Makrelen geben und im auf 220 Grad vorgeheizten Backofen 15 Minuten garen.

Huhn in Schweinsblase

Sie benötigen für 4 Personen:

1 küchenfertiges Huhn
1 schöne, große, frische Trüffel
Für die Füllung:
40 g Erbsen
40 g Mais
40 g grüne Bohnen
40 g Karotten
40 g Artischocken
40 g Kalbsbries
40 g Gänseleber
40 g Reis
40 g Waldpilze
Salz
Pfeffer aus der Mühle
1 über Nacht
gewässerte Schweinsblase

So wird's gemacht:

1. Mit einem Messer die Haut des Huhns vorsichtig einritzen und in Scheiben geschnittene Trüffel zwischen das Fleisch und die Haut schieben.

2. Das geputzte, entsprechend kleingeschnittene Gemüse in Salzwasser blanchieren.
3. Herausnehmen, gut abtropfen lassen und in eine Schüssel geben.
4. Das Kalbsbries und die Gänseleber kleinschneiden, mit dem Reis, den geputzten Pilzen und der restlichen, kleingeschnittenen Trüffel unter das Gemüse mischen.
5. Die Gemüsemischung salzen, pfeffern und in das Huhn füllen.

6. Die Schweinsblase gut abtropfen lassen und von innen nach außen umstülpen.

7. Das Huhn in die Schweinsblase füllen und fest verschließen, abbinden oder zuknöpfen.

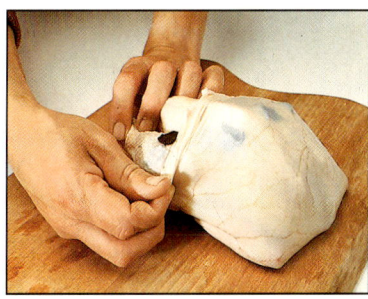

8. In kaltes Salzwasser geben und bei mittlerer Hitze etwa 90 Minuten köcheln lassen, herausnehmen und sofort servieren.

Omelette Soufflé

Sie benötigen für 4 Personen:

8 Eigelb
4 El braunen Rohrzucker
1 Vanilleschote
8 Eiweiß
1 Prise Salz
1 Schuß Rum
etwa 100 g Butter
Aprikosenmarmelade zum Füllen
Puderzucker zum Bestreuen

So wird's gemacht:

1. Das Eigelb mit dem Zucker und dem Mark der ausgeschabten Vanilleschote in einer Schüssel schaumig schlagen.

2. Das Eiweiß mit dem Salz steif schlagen.
3. Die Eigelbmischung vorsichtig unterheben.

4. Den Rum dazugeben, die Butter in zwei großen Pfannen erhitzen und den Teig einfüllen.

5. In den auf 180 Grad vorgeheizten Backofen geben und etwa 15 – 20 Minuten backen.
6. Herausnehmen, auf einer Platte anrichten und der Länge nach einmal einschneiden.

7. Die Marmelade in den Schnitt füllen, zusammenklappen, mit Puderzucker bestreut servieren.

Tip à la Bocuse

Auch für die Gewürzküche sind verschiedene Gewürze ein Muß. Die Gewürze sollten immer luftdicht und an einem dunklen Ort aufbewahrt werden, sie verändern sonst ihr Aroma, und der Geschmack läßt nach. Wenn möglich, sollte man Gewürze immer nur frisch gemahlen an die Speisen geben, dann aber erst bei Garende. Ganze Körner oder Blätter kocht man am besten mit. Vorsicht beim Servieren, denn da ist es unangenehm, wenn man z.B. auf eine Wacholderbeere beißt!

Anis
Durch sein charakteristisches süßliches Aroma ist der Anis zwar nicht jedermanns Geschmack, doch wer ihn mag, der weiß ihn zu schätzen. Verwendet wird er beim Brotbacken, für besondere Backwaren und in der Süßspeisenküche.
Eine andere Möglichkeit bietet sich bei Fisch-, Gemüse- und Salatsaucen, aber auch zu deftigen Eintöpfen wird er gerne gebraucht. Für die Sauce wird der Anis im Mörser oder in einer Gewürzmühle feingemahlen.

Curry
Der Curry wird mittlerweile als eigenes Gewürz behandelt, doch wenige wissen, daß es sich hierbei um eine Gewürzmischung handelt. Es gibt viele Möglichkeiten der Mischung, die gebräuchlichste allerdings wird aus Kurkuma, Kardamom, Muskat, Nelken, Zimt, Sternanis, Koriander, Kümmel, Ingwer, Pfeffer, Mandarinenschalen, Fenchel und Sesamsamen hergestellt.

Fenchel
Ähnlich dem Anis wird auch der Fenchel hauptsächlich in Südeuropa für die verschiedensten Brotspezialitäten verwendet. Doch auch in der Fleisch-, Geflügel- und Fischküche hat er seinen Platz.
Heute wird der Fenchel zum Einlegen von Gemüse geschätzt, besonders Gurken und Bohnen macht er dann zu Delikatessen.

Kümmel
Ein Gewürz, das fast auf der ganzen Welt verbreitet ist und bei bestimmten Gerichten einfach nicht fehlen darf.
Ob für Kartoffeln, Kohl oder zum Schweinebraten, für Gänse und Enten, auf das Brot oder in der Wurstküche, man kann auf den Kümmel nicht verzichten.

Kreuzkümmel
Der Kreuzkümmel ist dem Kümmel ähnlich, doch ist sein Geschmack schärfer und manchmal sogar ein wenig bitter.
Wer kräftig gewürzte Speisen liebt, der sollte diesen Kümmel verwenden.

Koriander
Der Koriander ist einer der wichtigsten Gewürze für die Herstellung von Curry.
Verwendung findet er für Brot, Backwaren, für Suppen und Fleisch sowie für Obstspeisen und Kompott.

Muskat
Es gibt zwei verschiedene Gewürze, die in der Küche Verwendung finden: die Muskatnuß und die Muskatblüte. Beide haben einen intensiven Geschmack und werden häufig für Fleischbrühen, Eintöpfe, bei der Wurstherstellung, für Gemüse und vor allem in der Weihnachtsbäckerei gebraucht.

Paprika
Als Gewürz werden hauptsächlich die roten Schoten verwendet. Die reifen Früchte trocknet und mahlt man, sie haben je nach Art verschiedene Schärfegrade. Paprika ist wie der Pfeffer in der Küche nicht mehr wegzudenken und wird fast überall verwendet.

Pfeffer
Man unterscheidet vier verschiedene Arten, die von dieser Pfefferpflanze gewonnen werden: die grünen, unreifen Beeren, die eingelegt oder gefriergetrocknet im Handel sind; den schwarzen Pfeffer (die grünen Pfefferkörner werden getrocknet); den roten Pfeffer, der aus den reifen Früchten gewonnen wird, und den weißen Pfeffer, für den die roten Früchte geschält und getrocknet werden. Alle Arten haben ihr eigenes Aroma und können für verschiedene Gerichte verwendet werden.

*Die Küche ist ein bißchen wie die Mode: Man liebt den raschen Wechsel, man liebt es,
darüber zu reden – vor allem die Journalisten.
Als 1960 der Trend der „Nouvelle Cuisine" einsetzte, wurde die Küche immer mehr zur
Sache von Geschäftsleuten und immer weniger die der Köche.
Erst mein berühmter Kollege Point in Vienne, der übrigens auch mein Lehrmeister war,
gab dann den Köchen ihre Küche wieder zurück.*

Burgunderschnecken

Für diese herrliche Vorspeise brauchen Sie natürlich die köstlichen Weinbergschnecken. Leider muß man schon sagen, daß es um die Weinbergschnecken in unserer Natur nicht gut bestellt ist. Wenn Sie auf die Idee kommen, sie selbst zu sammeln, beachten Sie bitte die gesetzlichen Beschränkungen, die es für das Sammeln in manchen Gegenden gibt.

Ja und dann kommt natürlich noch die schwierige Prozedur der Zubereitung, die ja auch gelernt sein will. Sie können aber auch Konservenware verwenden. Mittlerweile gibt es die Schnecken, auch in dieser Form, in einer ansprechenden Qualität.

Huhn auf Jägerart

Für dieses Rezept verwenden wir das bekannte Bresse-Huhn. Es wird in der Bresse gezüchtet und stammt aus einer sogenannten „Appelation Contrōlée". Dies sind kontrollierte Zuchtanstalten, in denen die Aufzucht der Hühner unter besonderen Regeln erfolgt. Man erkennt das Bresse-Huhn an den blauen Beinen, den weißen Halsfedern und dem roten Kamm. Wenn Sie zu Hause kein solches Huhn bekommen, versuchen Sie es einmal auf einem Bauernmarkt. Dort werden sicherlich ähnlich gute Hühner oder Hähnchen angeboten. Sie werden sehen, geschmacklich ist es ein großer Unterschied.

Erdbeertorte

Unsere Torte ist ein einfaches, aber köstliches Dessert. Wichtig sind dafür frische Erdbeeren, die auf der Torte verteilt werden. Beim Einkauf darauf achten, daß Sie reife, rote Früchte bekommen, denn die haben ein fruchtiges und süßes Aroma.

Unser Mürbeteig eignet sich besonders gut für dieses Rezept, dabei verwendet man halb soviel Butter wie Mehl.

Natürlich können Sie auch andere Früchte zum Belegen verwenden. Kiwis, Mangos, überhaupt die exotischen Früchte eignen sich vorzüglich. Aber unsere heimischen Waldbeeren wie Himbeeren, Brombeeren oder Heidelbeeren sind ebenfalls ein Gedicht.

Wenn die Torte zu groß ist, kann man den Teig auf 4 kleine Backförmchen verteilen und den Teig portionsweise ausbacken.

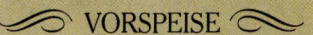
Burgunderschnecken

Sie benötigen für 4 Personen:

60 g Petersilie
10 g Schalotten
10 g Knoblauch
10 g Mandeln
10 g Salz
150 g Butter
Pfeffer aus der Mühle
4 Dutzend Weinbergschnecken

So wird's gemacht:

1. Die geputzte, gewaschene Petersilie, die geschälten Schalotten, den Knoblauch und die Mandeln fein hacken und mit dem Salz vermischen.

2. Die Butter schaumig rühren, unter die gehackten Zutaten mischen und kräftig pfeffern,

3. Die küchenfertigen Schnecken auf vier feuerfeste Förmchen verteilen und mit der Kräuterbutter bedecken.

4. Zugedeckt auf dem Ofen bei niedriger Hitze 5 – 10 Minuten erhitzen, vom Feuer nehmen und servieren.

Huhn auf Jägerart

Sie benötigen für 4 Personen:

1 Huhn etwa 1800 g
(vorzugsweise ein Bresse-Huhn)
Meersalz
Pfeffer aus der Mühle
2 Schalotten
150 g frische Champignons
4 geschälte, halbierte Tomaten
1 Lorbeerblatt
2 Knoblauchzehen
einige Sellerieblätter
1 Zweig Estragon
1 Zweig Thymian
1 kleines Bund Petersilie
Olivenöl zum Braten
¼ l Weißwein

So wird's gemacht:

1. Das küchenfertige Huhn in Stücke zerteilen, salzen und pfeffern.

2. Die Schalotten schälen und die Champignons putzen, mit den Tomaten und den Gewürzen bereitstellen.

3. Olivenöl in einem Topf erhitzen und das Fleisch rundherum goldgelb anbraten.

4. Die übrigen Zutaten dazugeben und mit dem Weißwein auffüllen.

5. Bei mittlerer Hitze 30 – 35 Minuten dünsten lassen.

6. Die Fleischteile herausnehmen, warmstellen und die Sauce bei starker Hitze 10 Minuten einkochen.

7. Die Sauce über das angerichtete Huhn gießen und servieren.

Tip à la Bocuse

Frische Schnecken läßt man am besten einige Tage liegen, damit sich der Darm entleeren kann und keine unbekömmlichen Kräuterrückstände darin sind.
Die Schnecken werden dann gründlich gewaschen, bis der ganze Schleim weg ist.
In kochendem Salzwasser müssen die Tiere nun 5 – 8 Minuten gekocht werden. Anschließend schreckt man sie unter kaltem Wasser ab und löst das Fleisch aus den Häusern. Den dünnen Darmtrakt am Ende des Tieres entfernen. Das Fleisch mit Weißwein und Wasser in einen Topf geben. Geputztes, kleingeschnittenes Gemüse und einige Kräuter dazugeben und mindestens 3 Stunden bei mittlerer Hitze köcheln lassen. Herausnehmen und zum weiteren Gebrauch bereitstellen.

Damit Ihr Huhn auf Jägerart oder auch das berühmte Coq au vin gelingt, müssen Sie Ihr Hähnchen auch richtig zerlegen.
Die Keulen jeweils mit einer Hand gut festhalten und mit einem scharfen Messer abtrennen.

Die Bruststücke und das „le sot l'y laisse", was soviel wie „nur der Dumme läßt es dran" – damit wird ein besonders gutes Filetstück am Rumpf des Huhnes bezeichnet – herausschneiden.

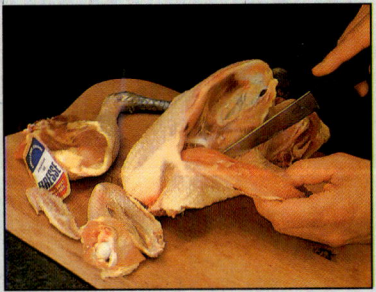

Die Flügelspitzen abtrennen und den unteren Teil herausschneiden.

Für unser Gericht werden die Teile dann nochmals halbiert oder geviertelt.

Erdbeertorte

Sie benötigen für 4 Personen:

Für den Teig:
75 g Staubzucker
250 g Mehl
1 Prise Salz
125 g Butter
1 Ei
1 Eigelb
1 – 2 El Wasser
Für den Belag:
etwa 1 Tasse Johannisbeergelee
1 kg reife Erdbeeren
einige Pistazien

So wird's gemacht:

1. Den Zucker, das Mehl und das Salz in einer Rührschüssel vermischen.

2. Die handwarme Butter dazugeben und alles gut miteinander verkneten.

3. Das Ei, das Eigelb und das Wasser dazugeben, alles zu einem geschmeidigen Teig verarbeiten und 1 Stunde ruhen lassen.

4. Den Teig auf einer bemehlten Arbeitsfläche ausrollen und in eine vorbereitete Backform geben.

5. Den Teig im auf 200 Grad vorgeheizten Backofen 20 – 25 Minuten backen.

6. Den Teig herausnehmen und mit der Hälfte des erwärmten Johannisbeergelees bestreichen.

7. Mit den gewaschenen und gut abgetropften Erdbeeren belegen, die Beeren mit dem restlichen Johannisbeergelee bestreichen, mit den kleingeschnittenen Pistazien bestreuen und servieren.

*Was mich betrifft, so kann ich wirklich sagen: Arbeit macht das Leben süß. – 1942 habe
ich begonnen, meinen Beruf auszüüben und habe seitdem wohl die meiste Zeit am Herd
verbracht. Zwischendurch gab's natürlich auch Freizeit und Erfolg. So entspanne ich mich
am besten bei Freunden, bei der Jagd und beim Fischen.*

Spargelcremesuppe

In Frankreich wird für diese Suppe
der wilde grüne Spargel verwendet. Er wächst auf natürliche Weise
in den großen Waldgebieten und
wird dort ganz frisch geerntet.
Natürlich muß es nicht unbedingt
dieser Spargel sein, verwenden Sie
den, den Sie bekommen, nur frisch
muß er sein und von erstklassiger
Qualität.
Für die Garnitur werden einige
Spargelspitzen nur in Salzwasser
etwa 5 Minuten blanchiert. Dies gilt
eigentlich für alle Gemüsesorten,
die für Dekorationszwecke verwendet werden. Das Gemüse hat
noch seinen vollen Geschmack
und noch Biß.

Kalbsfrikassee

Damit Sie dieses Frikassee so
kochen können, wie es schon
unsere Großmütter getan haben,
müssen Sie 3 verschiedene Stücke
vom Kalb verwenden: Schulter,
Brust und Hals sind dafür sehr
geeignet, da sie alle saftig sind.
Das Kalbsfrikassee hat eine wun-
derbare Sauce, die herrlich
schmeckt. Als Bindung verwenden
wir eine Sahne-Eigelb-Mischung,
damit alles schön sämig wird.
Diese Mischung dürfen Sie aber
erst ganz zum Schluß unter das
Frikassee rühren, und dann auch
nicht mehr kochen lassen, sonst
stockt das Eigelb, und das Ganze
sieht grieselig aus, nicht gerade
das, was unsere Küche bieten soll.
Doch wenn alles so gelingt, wie
wir uns es vorstellen, werden Sie
jeden, der es kostet, verführen.

Gebrannte Crème

Nun verraten wir Ihnen ein altes
Familienrezept, die Crème Brûlée,
was soviel heißt wie gebrannte
Crème. Kinder beten dieses Rezept
an, und auch die Erwachsenen finden es himmlisch.
Die Zutaten dafür sind einfach zu
beschaffen, und vor allen Dingen
sie sind nicht teuer. Auch mit billi-
gen Zutaten lassen sich köstliche
Dinge zubereiten! Es muß nicht
immer Hummer, Kaviar oder Trüffel sein. Frische Zutaten sind eben
immer noch das A und O einer
guten Küche.

Spargelcremesuppe

Sie benötigen für 4 Personen:

400 g Spargel
100 g Kartoffeln
2 kleine Stangen Lauch
60 g Butter
Meersalz
1/4 l Milch
1/4 l Wasser
3 El Crème fraîche
1 Stück Butter
Pfeffer aus der Mühle

So wird's gemacht:

1. Den Spargel dünn schälen und in kleine Stücke schneiden, einige Spargelspitzen für die Garnitur zurücklassen.

2. Die Kartoffeln in kleine Würfel schneiden.

3. Den Lauch putzen, halbieren, in Ringe schneiden, in einem Topf mit der Butter glasig dünsten und mit Salz würzen.

4. Das restliche Gemüse dazugeben und kurz mitdünsten, mit der Milch und dem Wasser auffüllen und bei mittlerer Temperatur etwa 20 Minuten köcheln lassen.

5. Die Suppe vom Feuer nehmen und kurz nachziehen lassen, in der Zwischenzeit die restlichen Spargelspitzen blanchieren und kalt abschrecken.

6. Die Suppe im Mixer oder mit dem Handmixer pürieren.

7. Die Crème fraîche und die Butter unterziehen und mit Pfeffer verfeinern.

8. Die Suppe anrichten, mit den Spargelspitzen garnieren und servieren.

Kalbsfrikassee

Sie benötigen für 4 Personen:

300 g Kalbsbrust
300 g Kalbsschulter
300 g Kalbshals oder Brustspitz
Meersalz
Pfeffer aus der Mühle
60 g Butter
2 – 3 Karotten
4 kleine Zwiebeln
1 Stück Bleichsellerie
1 Zweig Thymian
einige Zweige Petersilie
1 Knoblauchzehe
1 – 2 Nelken
1 El Mehl
$^1/_4$ l Weißwein
$^1/_4$ – $^1/_2$ l Wasser
300 g frische Champignons
2 Eigelb
1 Tasse Crème fraîche
2 – 3 El gehackte Petersilie

So wird's gemacht:

1. Das Fleisch in grobe Stücke schneiden, salzen, pfeffern und in der Butter anbraten.

2. Die geputzten, in grobe Stücke geschnittenen Karotten, die geschälten Zwiebeln und die Gewürze dazugeben und kurz mitdünsten.

3. Mit dem Mehl bestäuben, mit dem Weißwein ablöschen und mit dem Wasser auffüllen.

4. Aufkochen lassen, abschäumen, den Topf nicht abdecken und bei mittlerer Hitze 1 Stunde schmoren lassen.

5. Das Fleisch und das Gemüse herausnehmen und in einen anderen Topf geben, die Sauce durch ein Sieb dazu passieren und die geputzten Champignons unterrühren, nochmals 5 Minuten kochen lassen.

6. Das Frikassee nochmals pfeffern und vom Feuer nehmen.

7. Das Eigelb mit der Crème fraîche verrühren und unter das Ragout ziehen.

8. Anrichten und mit der Petersilie bestreut servieren.

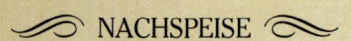

Gebrannte Crème

Sie benötigen für 4 Personen:

150 g braunen Zucker
1 Vanilleschote
4 Eigelb
$1/3$ l Milch
$1/4$ l süße Sahne

So wird's gemacht:

1. Den Zucker mit dem ausgeschabten Mark der Vanilleschote vermischen.

2. Das Eigelb in eine Schüssel geben und mit dem Vanillezucker gut verrühren.

3. Die Milch und die Sahne unterziehen.

4. Diese Masse auf vier feuerfeste Formen verteilen, in den auf 170 Grad vorgeheizten Backofen geben und etwa 60 Minuten backen.

5. Herausnehmen und sofort servieren.

Beaujolais

Der Beaujolais gedeiht auf einer Bergkette von etwa 70 km Länge im südlichen Burgund.

Die alleinregierende Rebsorte ist die Gamay-Traube. Sie ist robust und fleischig und bringt eigentlich nur in diesem Gebiet erstklassige Weine hervor. Hier ist es das Können der Verarbeitung, das den Erfolg bringt. Drei Hauptklassen sollte jeder unterscheiden können: Die erste ist der *einfache Beaujolais*, ein ehrlicher Tisch- und Konsumwein. Dieser Wein wird sehr viel getrunken und ist deshalb meist schon aufgebraucht, bevor der nächste Jahrgang gekeltert wird.

Als zweite Klasse, die weitaus anspruchsvoller ist, wird der *Beaujolais Superieur* gehandelt. Er hat eine Alkoholgehalt von 10%.

Die dritte Klasse ist das Spitzenprodukt dieser Gegend, der *Beaujolais-Village*. 30 Gemeinden erzeugen diesen Wein, der in seiner Art einzigartig ist. Weltbekannt sind inzwischen diese Weine und die Orte, in denen Sie gekeltert werden. Die Spitzenweine bezeichnet man als *Beaujolais-Crus;* es sind die Aristokraten dieses Weinbaugebietes. Es ist mittlerweile jedes Jahr eine Touristenattraktion geworden, wenn der junge Wein, der „Beaujolais Nouveau", zum ersten Mal ausgeschenkt wird. Je nach Klasse des Weines kann man ihn vom letzten Sonntag im Oktober bis Mitte Dezember im Rahmen von großen Weinfesten verkosten. Dieser Wein, der ein maximales Aroma an Fruchtigkeit und Frische besitzt, verschafft größten Genuß.

Eines möchte ich doch den Herren der Schöpfung ans Herz legen: Wer kocht, der muß auch spülen! Gutes Gelingen und viel Erfolg!

Grüne Erbsen auf französische Art

Die „Grünen Erbsen auf französische Art" sind ein richtiges Frühlingsgericht. Die Zutaten dafür sollen alle im Frühling geerntet sein, so bekommt man ein phantastisches Aroma. Die jungen Zwiebeln, der Kopfsalat und die jungen Erbsen verleihen dem Gericht die feine Note. Die Erbsen im Frühjahr sind noch so zart, daß sie nicht einmal aus der Hülse gepellt werden müssen. Brechen Sie nur die Spitze ab und ziehen Sie die Fäden heraus. Mit der Hülse und den Erbsen können Sie dieses Gemüse dann verwenden.

Mit ein Grund für die Besonderheit des Geschmacks ist die Tatsache, daß das Gemüse im eigenen Saft gegart wird. Durch den Zucker und das Salz wird das Wasser aus dem Gemüse gezogen. Deshalb müssen Sie das Gericht schon am Vorabend vorbereiten und im Kühlschrank eine Nacht lang ziehen lassen.

Aalragout in Rotweinsauce

Dieses Rezept – es stammt aus dem reichen Kochschatz der Flußschiffer – ist wieder eine Köstlichkeit aus unserer Gegend. Der Aal wird in einer herrlichen Burgundersauce geschmort.

Lassen Sie sich den Aal schon von Ihrem Fischhändler vorbereiten, denn es gehört schon etwas Übung dazu, den Fisch zu enthäuten. Wer es trotzdem versuchen will: Am Hals des Tieres eine Kerbe einschneiden und mit der Zange die Haut abziehen. Dies ist der schwierigste Teil, die Haut muß praktisch umgestülpt werden. Dann geht es fast wie von selbst; mit einem kräftigen Ruck läßt sich der Aal aus seinem Mantel schälen. Jetzt kann der Fisch ausgenommen und für unser Rezept in 4 bis 5 cm große Stücke geschnitten werden.

Schnee-Eier „Gisou"

Wieder ein altes Rezept von Großmutter Bocuse. Diese Schnee-Eier mit Vanillecrème und Mandeln sind ein Gedicht. Wie gut sie schmecken, brauche ich Ihnen eigentlich gar nicht zu erklären. Schon allein der Anblick läßt einem das Wasser im Munde zusammenlaufen.

Wichtig für dieses Rezept ist das richtige Verarbeiten der Eier. Der Eischnee darf auf keinen Fall kochen, die Schneebälle müssen pochiert werden, das heißt, das Wasser darf nur sieden. Auch für die Vanillecrème gilt es, achtsam zu sein, denn sie darf ebenfalls nicht kochen, sonst gibt es anstelle der Crème Rühreier mit Vanillegeschmack.

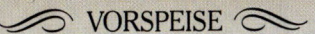
Grüne Erbsen auf französische Art

Sie benötigen für 4 Personen:

1 kg junge, frische Erbsen
2 Stück Kopfsalat
4 – 5 mittelgroße Lauchzwiebeln
Meersalz
Pfeffer aus der Mühle
2 El Zucker
2 El Butter

So wird's gemacht:

1. Das Gemüse putzen und bereitstellen.
2. Die geviertelten Salatköpfe in einen mittelgroßen Topf legen.

3. Die in grobe Stücke geschnittenen Lauchzwiebeln und die Erbsen darauflegen.

4. Salzen, pfeffern, den Zucker darüberstreuen und die Butter daraufgeben.

5. Im Kühlschrank über Nacht ziehen lassen.
6. Den Topf mit einem feuerfesten Teller, der mit Wasser gefüllt wird, verschließen und auf dem Herd bei mittlerer Hitze 20 Minuten garen.

7. Das Gemüse auf einem Teller anrichten und sofort servieren.

Aalragout in Rotweinsauce

Sie benötigen für 4 Personen:

1 mittelgroßen Aal, etwa 800 g
Meersalz
Pfeffer aus der Mühle
60 g Butter
100 g geräucherten,
durchwachsenen Speck
10 kleine Zwiebeln
20 kleine Champignonköpfe
1 Bouquet garni
1 Schuß Cognac
1 Flasche Rotwein
4 Knoblauchzehen
4 Eier
50 g Butter
50 g Mehl
einige Weißbrotscheiben
1 Knoblauchzehe

So wird's gemacht:

1. Den küchenfertigen Fisch in
4 – 5 Zentimeter große Stücke
schneiden, salzen und pfeffern.
2. Die Butter in einem Topf erhitzen und die Aalstücke darin
anbraten.

3. Den in kleine Stücke ge-
schnittenen Speck, die geschälten
Zwiebeln und die geputzten
Champignonköpfe sowie das
Bouquet garni dazugeben und
kurz mitdünsten.

4. Mit dem Cognac flambieren und
mit dem Rotwein auffüllen.

5. Die gehackten Knoblauchzehen
dazugeben, zugedeckt bei mittlerer
Hitze 15 – 18 Minuten kochen
lassen.
6. Die Fischstücke und das
Gemüse herausnehmen und
warmstellen.
7. Die Eier in die Weinsauce glei-
ten lassen und etwa 3 Minuten
pochieren, herausnehmen und
warmstellen.

8. Die Butter mit dem Mehl
verarbeiten und die Sauce damit
binden.
9. Die Aalstücke und die Eier
anrichten, mit der Sauce überziehen, mit den gerösteten und mit
Knoblauch eingeriebenen Weißbrotscheiben garnieren und sofort
servieren.

Schnee-Eier „Gisou"

Sie benötigen für 4 Personen:

Für die Creme Vanille:
8 Eigelb
250 g Würfelzucker
1 l Milch
1 Vanilleschote
Für die Schnee-Eier:
8 Eiweiß
1 – 2 El Puderzucker
Salzwasser
Außerdem:
einige Mandelsplitter
10 – 20 Stück Würfelzucker

So wird's gemacht:

1. Das Eigelb mit dem Würfelzucker in einer Schüssel vermischen und schaumig rühren.
2. Die Milch mit dem ausgeschabten Mark der Vanilleschote zum Kochen bringen.
3. Die Milch vorsichtig unter die Eigelbmasse schlagen.
4. In einen Topf geben, auf den Herd stellen und bei geringer Hitze mit einem Kochlöffel solange rühren, bis die Sauce cremig wird.

5. Erneut in eine Schüssel geben und unter ständigem Rühren erkalten lassen.
6. Für die Schnee-Eier das Eiweiß mit dem Puderzucker sehr steif schlagen.

7. Salzwasser in einem Topf sieden lassen und darin das zu großen Kugeln geformte Eiweiß pochieren.

8. Die Schneebälle gut abtropfen lassen, in eine feuerfeste Form geben, mit der Crème Vanille überziehen und mit den Mandelsplittern bestreuen.
9. Für die Karamel-Sauce den Würfelzucker in einem Topf karamelisieren lassen, über die Schnee-Eier geben und sofort servieren.

Tip à la Bocuse

Die Weinprovinzen Frankreichs

Frankreich und seine Weine! Man braucht ein ganzes Leben, um sie alle kennenzulernen, zu kosten und zu genießen.

Ein kleiner Überblick soll Ihnen etwas helfen, den französischen Wein zu definieren.

Grundsätzlich wird der Wein vom Gesetz in 3 Klassen eingeteilt: In die *einfachen Tafel-* oder *Land-weine,* die *Qualitätsweine* mit *kontrollierter Herkunftsbezeichnung A.O.C.* und *die Qualitätsweine* aus *genau festgelegten Anbaugebieten. V.D.Q.S.*

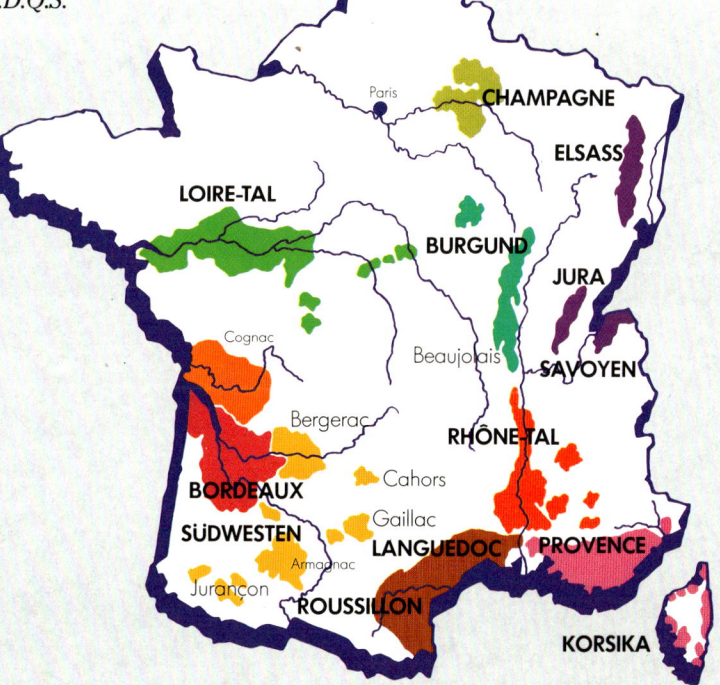

Die Weinbaugebiete Frankreichs sind: Bordeaux, Burgund, Jura, Savoyen, Loire, die obere Loire, die Champagne, das Elsaß, die Rhone, die Provence und der Midi mit all den vielen kleinen und großen Regionen.

Etwa 10 Prozent der französischen Weine gehören zur absoluten internationalen Spitzenklasse, wie Fachleute behaupten. Doch wie dem auch sei, Geschmäcker sind Gott sei Dank verschieden, ob beim Essen oder beim Weintrinken. Das eine und das andere muß gekostet werden, und jeder sollte sich sein Urteil selbst bilden. Versuchen auch Sie es und ergründen Sie die Geheimnisse des französischen Weines.

„Auf Ihre Gesundheit"!

Kochen und Essen sollen jedem Spaß machen und das Herz erfreuen. Die „Nouvelle Cuisine" ist sehr hochgespielt worden. Dabei sind die Teller immer größer, aber die Portionen immer kleiner geworden, und dies ist nichts für mich. Wie beim Essen in der Familie soll man auch bei mir kräftig zulangen können und gestärkt werden, damit jeder Gast nachher auch zufrieden ist.

Spargel Vinaigrette

Der Spargel ist ein herrliches Gemüse: Schon die alten Ägypter, die Griechen und die Römer haben diese Gaumenfreude geschätzt. Seit dieser Zeit gilt der Spargel nicht nur als Delikatesse, sondern auch als Heilpflanze. Spargel hat wenig Kalorien und ist wassertreibend.
In Deutschland wird der weiße Spargel bevorzugt. Er hat bis zur Ernte noch kein Sonnenlicht gesehen. Je nach Art der Pflanze verfärbt sich die Spargelspitze von rosa bis blauviolett oder grün. Der grüne Spargel wird in Frankreich am häufigsten verarbeitet. Deutscher Spargel wird von Anfang Mai bis Johanni frisch gestochen, während der ausländische Spargel das ganze Jahr in unterschiedlicher Qualität erhältlich ist. Frischen Spargel erkennen Sie an den Schnittenden, er darf dort nicht brüchig und trocken, sondern soll fest und saftig sein.

Pot au Feu

Das „Pot au Feu" ist in Frankreich ein Nationalgericht. Am besten schmeckt es, wenn dieses Gericht in einer großen Menge zubereitet und dann auch im Freundeskreis verzehrt wird. Gerade der Mischung von Fleisch, Knochen, Geflügel und Gemüse verdankt diese Spezialität ihren unvergleichlichen Geschmack.
Wählen Sie wirklich nur die besten Zutaten aus, denn dies ist schon ein Garant für Ihren Erfolg. Serviert wird im allgemeinen in zwei Gängen: Die Boullion mit Weißbrotscheiben und geriebenem Käse bestreut als Zwischengericht, dann das Fleisch mit den Gemüsen umlegt als Hauptgang.

Apfeltorte Tatin

Die „Apfeltorte Tatin" schmeckt wirklich herrlich. Sie wird zuerst gebraten, gebacken und dann gestürzt.
Dieser Kuchen wurde vor nicht allzulanger Zeit von den Schwestern Tatin in ihrem Restaurant in Lamotte Beuvron „erfunden". Für diese „Götterspeise" sollten Sie leicht säuerliche und keine mehligen Äpfel nehmen. Die Äpfel dürfen beim Braten nicht zuviel Wasser ziehen. Die Hitzezufuhr ist dabei von entscheidender Bedeutung für das Gelingen. Der Zucker und die Äpfel müssen die Butter vollständig aufsaugen, sonst läuft beim Stürzen nachher die ganze Flüssigkeit weg.

Spargel Vinaigrette

Sie benötigen für 4 Personen:

1 kg frischen Spargel
5 l Wasser
2 Handvoll Meersalz
Für die Vinaigrette:
1 Eiweiß
1 El scharfen Dijon-Senf
1 El Rot- oder Weißweinessig
Salz
Pfeffer aus der Mühle
3 – 4 El Olivenöl
einige Tropfen Beaujolais

So wird's gemacht:

1. Die Spargel dünn schälen und mit Küchenschnur zu Bündeln zusammenbinden.
2. Die Spargelenden zurechtschneiden und in dem Salzwasser etwa 20 Minuten garen.

3. Für die Vinaigrette das Eiweiß, den Senf und den Essig in eine Schüssel geben.

4. Mit Salz und Pfeffer würzen und tropfenweise das zimmerwarme Öl darunterschlagen.

5. Anschließend mit dem Beaujolais verfeinern.

6. Den gekochten Spargel aus dem Topf nehmen, eiskalt abschrecken und gut abtropfen lassen.
7. Den Spargel portionieren, auf Tellern anrichten, mit der Sauce überziehen und sofort servieren.

Pot au Feu

Sie benötigen für 6–8 Personen:

1 kleine Rinderhaxe
1 kleine Kalbshaxe
500 g Ochsenbrust
500 g Ochsenschwanz
2 Suppenhühner
5 – 6 l Wasser
2 Handvoll Meersalz
1 Stange Lauch
1 Stück Staudensellerie
1 kleiner Weißkohl
1 Bouquet garni
2 Tomaten
1 mit Nelken gespickte Zwiebel
6 mit Kartoffelscheiben verschlossene Markknochen
1 mittelgroße Mett- oder Bratwurst
1 kleinen Sellerie
2 weiße Rüben
2 Möhren
8 mittelgroße Kartoffeln
1 Bund Petersilie
einige Zweige Thymian
250 g grüne Bohnen

So wird's gemacht:

1. Das Fleisch in einen großen Topf schichten, mit dem kalten Wasser auffüllen und zum Kochen bringen.

2. Anschließend mit einer Suppenkelle gut abschäumen und die Hitze reduzieren.

3. Mit dem Meersalz salzen und zwei Stunden köcheln lassen.

4. In der Zwischenzeit den Lauch, den Staudensellerie, den Weißkohl, das Bouquet garni und die Tomaten putzen und waschen.

5. Die gespickte Zwiebel, die Markknochen und die Mett- oder Bratwurst bereitstellen.

6. Den Sellerie, die Rüben, die Möhren und die Kartoffeln putzen, schälen und zu großen Kugeln zurechtschneiden.

7. Alle Zutaten mit der Petersilie und dem Thymian zum Fleisch geben und bei mittlerer Hitze 1 Stunde köcheln lassen.

8. Nach $1/2$ Stunde die Hühner und die Kalbshaxe herausnehmen und warm stellen.

9. Kurz vor Garende die geputzten grünen Bohnen dazugeben.

10. Den Pot au Feu anrichten und servieren.

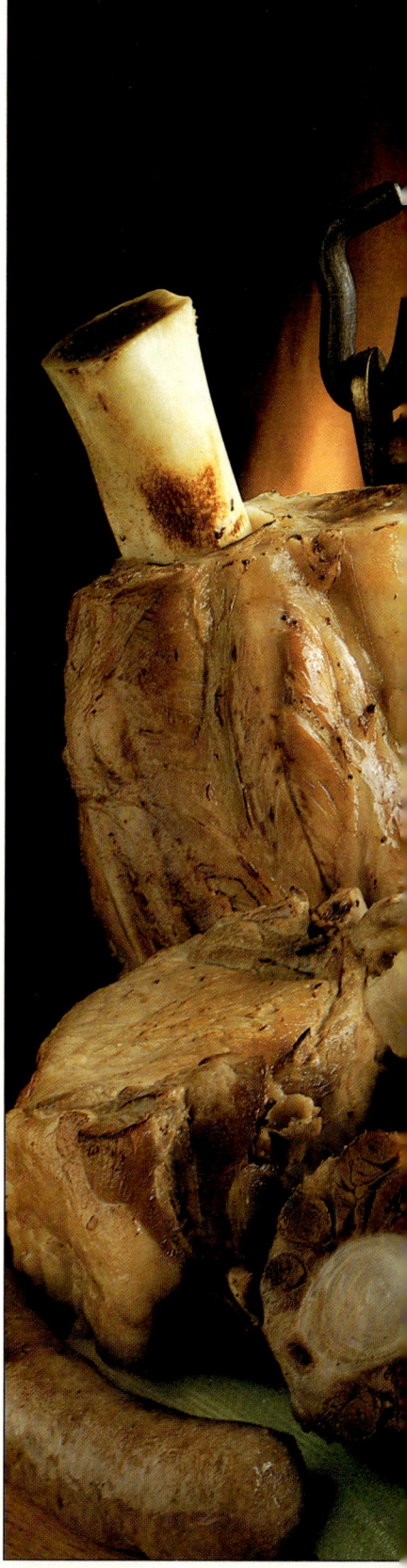

Apfeltorte Tatin

Sie benötigen für 4 Personen:

Für den Teig:

125 g Mehl
1 Prise Salz
1 El Zucker
75 g Butter
1 Eigelb
1–2 El Wasser

Außerdem:

1½ kg säuerliche Äpfel
200 g Butter
300 g Zucker

So wird's gemacht:

1. Für den Teig das Mehl auf eine Arbeitsfläche geben, mit dem Salz und dem Zucker vermischen.

2. Die Butter dazugeben und den Teig mit den Händen verbröseln.

3. Das Eigelb und das Wasser dazugeben und alles zu einem geschmeidigen Teig verkneten, mindestens 1 Stunde ruhen lassen.

4. Die Äpfel schälen, vierteln und das Kerngehäuse herausschneiden.

5. Die Äpfel in eine feuerfeste, runde Form geben, mit der Butter und dem Zucker gleichmäßig bedecken.

6. Bei mittlerer Hitze die Äpfel 5 Minuten auf dem Ofen braten.

7. Den Teig auf einer bemehlten Arbeitsfläche ausrollen; er sollte den Durchmesser der Backform haben.

8. Die Äpfel nun vom Feuer nehmen und mit dem Teig abdecken.

9. Im auf 200 Grad vorgeheizten Backofen etwa 20 Minuten backen, herausnehmen, auf einen Teller stürzen und kalt oder warm servieren.

Tip à la Bocuse

Wer zu Hause alte Weine hat oder es sich einmal gönnt, einen alten Wein zu bestellen, der sollte dies genießen und den Wein mit Ehrfurcht behandeln. Sehr wichtig für einen alten Wein ist schon das Öffnen der Flasche. Zunächst wird die Kapsel ziemlich weit unten abgeschnitten. Möglichst weit unten, denn der Wein soll das Stanniol beim Ausgießen nicht berühren.

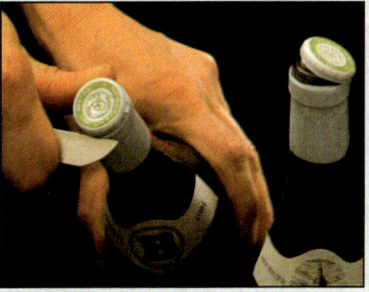

Nun wird der Korken mit Hilfe eines Korkenziehers vorsichtig herausgezogen. Die Flasche soll dabei nicht bewegt werden. Anschließend riecht man am Korken, denn so läßt sich schon feststellen, ob der Wein noch gut ist.

Der wichtigste Vorgang kommt jetzt: Der Wein wird in eine Karaffe umgefüllt, was *dekantieren* genannt wird. Sie benötigen eine Kerze dazu, die Ihnen das nötige Licht gibt um zu sehen, wenn der Wein beim Eingießen trüb wird. Ganz langsam muß der Wein fließen, damit er sich auch mit Sauerstoff anreichern kann und so zur vollen Entfaltung kommt.

Tip à la Bocuse

Damit Sie die Kunst der Vorbereitung leichter verstehen, haben wir einige der wichtigsten Begriffe für die Arbeitsvorgänge herausgesucht und stellen Sie Ihnen nun vor.

Abflämmen sollte man alle Geflügel, Wildgeflügel und Fleischteile, an denen noch Federn, Federkiele oder Haare und Borsten auf der Haut sind.

Bardieren nennt man das Abdekken von Fleischteilen mit Speckscheiben, die leicht verbrennen können.

Blanchieren heißt, eine Zutat wie Gemüse oder Fleisch in Salzwasser nur kurz kochen. Zu verschiedenen Zwecken wird dieser Arbeitsvorgang benötigt; einmal um Bakterien abzutöten, dann um die Farbe zu stabilisieren. Gemüse kann dadurch für einen Salat vorbereitet werden, Bries wird fester und kann zur Weiterverarbeitung leichter geschnitten werden.

Bridiert wird das Geflügel mit Hilfe einer Schnur, um ihm für das Braten oder Grillen eine bestimmte Form zu geben.

Farcieren ist das Füllen oder Bestreichen von (Geflügel-)Fleisch oder Fisch mit fein zerkleinerten Massen.

Faschieren ist ein anderer Ausdruck für das Durchdrehen von Fleisch und anderen Lebensmitteln.

Karamelisieren ist der Vorgang, wenn Zucker erhitzt wird; er wird flüssig und fängt sehr schnell an, braun zu werden.

Marinieren oder *Beizen* ist das Einlegen von Lebensmitteln, die das Aroma der Flüssigkeit annehmen sollen. *Wässern* hat den gegenteiligen Zweck: Hier soll extremer Geschmack ausgewaschen werden.

Panieren heißt eigentlich „mit einer Hülle versehen". Meist wird mit Mehl, Ei und Semmelbröseln paniert. Man kann aber auch Nüsse (Kokosflocken, Mandeln) verwenden.

Parieren wird der Vorgang bezeichnet, mit dem Fleisch und Fisch von Sehnen, Fett oder Flossen befreit und in gleichmäßig große und gleich geformte Stücke geschnitten werden. Die Stücke, die dabei abfallen, werden zum Kochen von Saucen, Suppen und Extrakten verwendet.

Passieren ist das Durchpressen oder Durchstreichen von weichen Lebensmitteln durch ein Sieb.

Tourniert werden Lebensmittel, die eine gleiche Form erhalten sollen. Fleisch wird dabei mit einer Küchenschnur gebunden.

Tranchiert werden alle rohen oder gekochten Lebensmittel, die man in Scheiben schneidet oder in Teile zerlegt, damit sie besser serviert werden können.

CIP-Kurztitelaufnahme der Deutschen Bibliothek

Bocuse, Paul:
Bocuse à la carte:
franz. kochen mit d. Meister/ Paul Bocuse. – Niedernhausen/Ts.: Falken-Verlag, 1985.
ISBN 3-8068-4237-X

ISBN 3 8068 4237 X

© 1985 by Falken-Verlag GmbH, 6272 Niedernhausen/Ts.
Fotos: TLC-Foto-Studio GmbH, Bocholt.
Karte Seite 81:
SOPEXA, 4000 Düsseldorf.

Konzeption: Luis Bisschops, Ulrich Watschounek
Grafik: Peter Boldt
Deutsche Bearbeitung: Fritz Faist

Wir danken der Firma Spring, 7750 Konstanz, die uns freundlicherweise das Kupfergeschirr zur Verfügung stellte.

Die Ratschläge in diesem Buch sind von Autor und Verlag sorgfältig erwogen und geprüft, dennoch kann eine Garantie nicht übernommen werden. Eine Haftung des Autors bzw. des Verlages und seiner Beauftragten für Personen-, Sach- und Vermögensschaden ist ausgeschlossen.
Satz: TypoBach, Wiesbaden
Lithografie: ORD Offset-Reproduktion, Gronau
Druck: Ernst Kaufmann, Lahr

817 263544